コミュニティカフェ

まちの居場所のつくり方、続け方

齋藤 保

学芸出版社

はじめに

ある日の午後。

テーブルに布小物をひろげて雑談しながらオーガニックティーを楽しむ主婦3人。子育てがひと段落したぐらいの世代であろう。時折笑い声が聞こえつつも手元はせわしなく動き、花柄の布を縫い合わせている。

隣のテーブルでは、パソコンやノートを開いて議論を交わしている男女4人のグループ。イベントかセミナー開催の打ち合わせだろうか。山積みになった資料と真剣な眼差しがその取り組みの重要性を感じさせる。

また、ソファ席ではイヤホンをつけて1人でホットココアを飲んでいる女子高生。音楽を聴きながらテスト勉強でもしているのだろうか。テーブルには参考書らしきものと可愛いペンケースが置かれている。

カウンターでは中高年の女性たちが、エプロン姿のスタッフと、ハンドメイド作品の納品作業を、世間話を交えながら楽しそうに行っている。キッチンの中ではボランティアとスタッフが談笑しながら野菜を刻み、スープ作りに精を出している。

ここは横浜市の南部、JR京浜東北根岸線の港南台駅から徒歩2分に位置する築40年になるビルの2階。

エントランスは大きな扉4枚、3・6メートルの開口部が圧巻だ。オープンから14年経った今でも香りが漂いそうな、地元神奈川県産材の杉をふんだんに活用したウッディな内装。奥行き12メートルの壁面にはびっしりと「小箱ショップ」と呼ばれる棚が並んでいる。

この22坪の小さなカフェは、いわゆるふつうのカフェや雑貨屋さんとは違い、店内にはまちの情報誌やチラシが配架、掲示され、壁面を活用したギャラリーなどがある。そして、地元のパン屋さんの手作りパンや障害者支援施設等で作られた焼き菓子のほか、全国各地の小さなまちや、被災地などで作られた特産品も販売されているユニークなカフェだ。またハンドメイドワークショップや、まちの交流イベント、音楽サロン、シニアの介護予防プログラムなどもかなりの頻度で開催している。

そして、キッチン奥のバックヤードにはパソコンやコピー機、電話機4台など事務機器や書類が並んでいる[*1]という不思議な空間である。

担い手であるスタッフも、有償で働く非常勤スタッフ以外にボランティアとして活動するメンバーも多いのが特徴だ。

この港南台タウンカフェ（以下「タウンカフェ」）は、カフェ兼ハンドメイドショップでありながら、まちづくりや地域活動を行う居場所機能を持った地域交流拠点で、「コミュニティカフェ」と呼ばれている。開設した14年前には、自分たち自身がコミュニティカフェという言葉も知らないくらい世間には目新しい形態だった。しかし最近は日本各地で急速に広まっている。横浜市内でも、10年前には数カ所だったが、今や65カ所まで急激に増加している。

「コミュニティカフェ」とは何か明確に定まっていないが、僕は次のように考えている。

「コミュニティカフェ」とは、

市民が自発的・主体的に、

カフェ的な場や空間・機能を活用して、

「事業」として、居心地の良い場を共有すること。

さらには自分たちの暮らすまちや地域に関わる機会も持ち合わせている場である。

つまり、行政が設置して運営を委託したり、企業が全国展開するようなものではなく、地域で暮らす人たちが運営すること。そして、持続可能な運営を自立して行うことが求められている。

コミュニティカフェは、美味しいスイーツやドリンクの提供を通じて利益を上げることが目的ではない。居心地の良い空間を楽しめたり、交流の機会や地域活動に巡りあえたり、さまざまな出会いや発見の機能を、「カフェ的な空間」を活用して発揮する取り組みである。

そして、そこに集う仲間うちだけの関係で終わらず、誰もが気軽に入ることができ、広く社会に開かれた公共空間であることも重要な要素だ。人と人のつながりづくりや、情報発信の基地として、地域の課題解決の実践、地域活性化といった、まちづくり活動などのさまざまな機能を担う。つまり、自立、自律した運営をしつつも、公益性を大切に、かつ民間運営ならではの自由さや多彩なプログラムなどがあるのが、コミュニティカフェの魅力である。

本書ではこうしたコミュニティカフェの成り立ちや、そこで起きている具体的なエピソードからその魅力を紐解き、具体的なノウハウを、実践経験をもとにお伝えしようと思う。

地域のつながりが希薄化してきた、高度経済成長期以降の日本社会が抱える課題の解決の糸口になれば嬉しいし、さらには日本各地で、コミュニティカフェという魅力的な場や活動が拡がり、豊かで笑顔がはじける社会となることを願う。

新型コロナウィルスに対する緊急事態宣言下

居心地が良い空間・交流の場の復活を信じて

2020年5月10日　齋藤　保

＊1　2017年にキッチンを改築してからは、バックヤードの事務所は2階の事務所に移転した。

コミュニティカフェ　目次

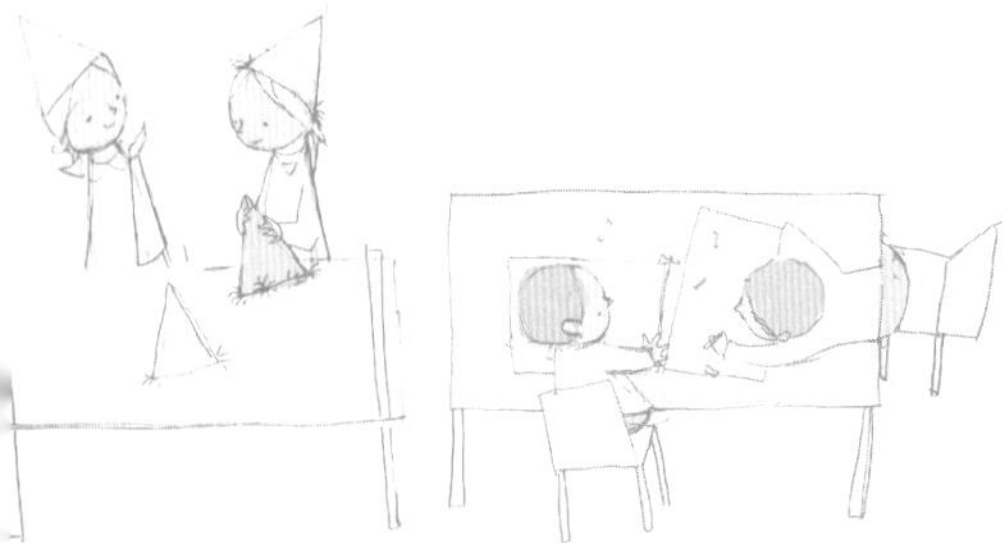

2章 全国に広がるコミュニティカフェ 個性が光る7つの事例 87

3章 コミュニティカフェの始め方・続け方 7つのツボから探る 137

コミュニティカフェの世界

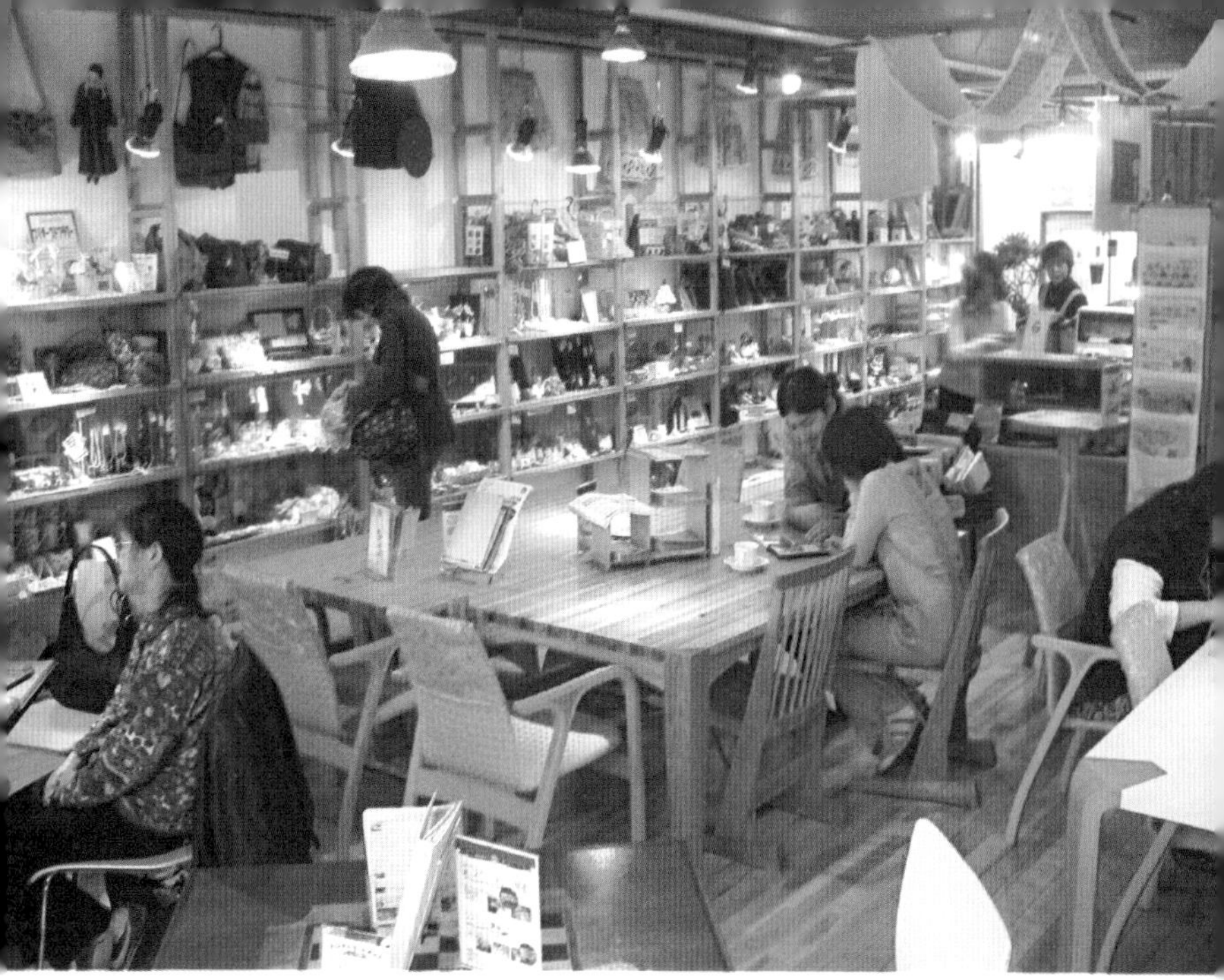

港南台タウンカフェにようこそ

広い開口部から
小箱ショップの作品たちが出迎えてくれる。
居心地よい店内へといざなう
のびやかな空間。

ハンドメイドの小箱ショップ

ハンドメイド作家さんたちの展示販売の場
「小箱ショップ」
ここからさまざまなストーリーが
生まれることになる。

ワークショップは、作家さんが先生になれ、
利用者の方との交流が深まる機会でもある。
夏休みは子どもたちのキッズスクエアも開催！

カフェサロンで
ステキな出会いを

地元パン屋さんのトーストと、
ボランティアさん手づくりの野菜スープ。
産地で作られた新鮮で安心なジャム。
木の香りに包まれた空間で、
優しい時間を。

手作業で煎る珈琲豆の味わい

タウンカフェのコーヒーは
心に辛さや障害を抱える方が、
手作業で丁寧に焙煎された豆で淹れています。
芳醇な香りが楽しめます。

もっと×2交流ステーション

お酒でも飲みながら気軽に語り合いませんか？
新たな出会いで
地域のつながりが生まれることも。
気ままで自由な交流飲み会。

まちサロン in Cafe

まちの人をゲストに迎え、
旅の思い出や好きな本、
趣味や特技などを楽しむサロン。

まちに広がる交流の輪

港南台テント村

フリーマーケットのみならず、
様々なイベントなどが
市民参画で運営される。

キャンドルナイト in 港南台

小さなきっかけから生まれたキャンドルナイトは、
地域の多様な関わりが生まれるイベントに
成長し続けている。

まちの情報・市民レポート活動

中学生まちを支える仕事レポート。
「ふ～のん」レポーターの企画編集会議では
時を忘れて議論が続くことも。

港南台地域元気フォーラム

自分たちのまちが好き、もっとよくしたい
そんな思いが出会い、力となっていくこと、
広がっていくことを願って毎年開催している。

各地のステキなコミュニティカフェ

こまちカフェ（横浜市戸塚区）
親子で楽しめる美味しさと安心の食。

ふらっとステーション・ドリーム（横浜市戸塚区）
美味しさと笑顔のあふれる居場所

ジュピのえんがわ（横浜市金沢区）
空き家を活用した多世代交流とつながりの居場所

まち家世田米駅（岩手県住田町）
地域ぐるみのまちづくりを協働で

ハートフル・ポート（横浜市旭区）
自宅をカフェに〜住み開きカフェで地域が豊かに

みやの森カフェ（富山県砺波市）
だれもが安心できる居場所として

芝の家（東京都港区）
住民交流機能と居場所の新しいカタチ

コミュニティカフェの価値を伝える

コミュニティカフェフォーラムの様子
たくさんの仲間との学び合いで
コミュニティカフェは成長していく。

（上）コミュニティカフェフォーラムの様子。
（下）コミュニティカフェ実現に向けた
ハンズオン支援のひとコマ。
写真提供：横浜コミュニティカフェネットワーク

1章

コミュニティカフェはまちの交流交差点

港南台タウンカフェの実践から

港南台タウンカフェは、僕が代表を務める株式会社イータウンが横浜港南台商店会、まちづくりフォーラム港南と協力連携して運営しているコミュニティカフェだ。地域交流拠点であり、まちづくりの基地でもある。

カフェの運営からまちづくりのイベントや情報誌の取材編集までさまざまな取り組みを、有償のスタッフだけでなく、立場の違いを超えた多様なボランティアが担っている。

一人一人の小さな想いが、育まれてカタチになっていく。そんなコミュニティカフェ発のまちづくりの姿を感じてもらいたい。

1 誰もがふらりと立ち寄れて

港南台タウンカフェができるまで

２００５年10月にオープンしたタウンカフェだが、実は設立のきっかけは１９９６年まで遡る。港南区役所が１９９６年から３カ年にわたって行ったパートナーシップ推進モデル事業「港南まちづくり塾」がそもそもの発端である。

「港南まちづくり塾」は、「もう役所だけに、まかせておけない。だから…」という強烈なキャッチコピーで、区民に課題解決やまちの魅力増進の取り組みを呼びかけた事業で、３年間で約30の塾（活動団体）が生まれた。その事業終了後、一部の塾長らにより発足した団体が「まちづくりフォーラム港南（以下「まちフォ」）」である。まちづくりの人材育成講座や市民活動実態調査などを行うなかで、地域活動団体にとって情報発信や人材発掘とともに、話し合いの場所の確保が課題と感じた。当時も地区センターなどの施設はあったが、突発的な打ち合わせも必要な市民活動団体は、定期的に活動している趣味や学びのグループのように事前に場所の予約ができない。さらには活動メンバーが広がっていかないことも課題だった。もっと気軽に集える場、いろんな人との出会いがある場が必要なのではないか…と模索した。そこで思いついたのが、人通りの多い街なかに出会いや交流のある集いの場をつくること。そんな場を「交流交差点」と名付け、上大岡での実現を目指して動き出した。

■まちづくりフォーラム港南との出会い

偶然にも1996年に横浜で暮らし始めた僕は、もっと自分の住むまちを知り、魅力を伝え広めたい…と勤めていたIT関連企業を辞めて、地域情報サイトの運営などの仕事を起こし、地域の情報を集めていた。知人の紹介で迷い込んだのが、まちフォが開催していた「上大岡まちづくり研究会」。ちょっと、かたっ苦しい雰囲気で、もう参加することはないだろう…と帰りかけた時「一緒に一杯どうですか」と誘われ飲み始めたら意気投合、その日のうちにまちフォのメンバーとなってしまった。

もう役所だけに、
まかせておけない。
だから…
港南まちづくり塾
横浜市パートナーシップ推進モデル事業
港南まちづくり塾募集のポスター（部分）

一日交流交差点の実証実験の様子

ちょうどその頃から「まちフォ」は、上大岡交流交差点というプロジェクトに取り組みだした。地元の商店会や町内会、地域活動の実践者、さらには行政も巻き込み、巨大な地図を街なかに広げて、通りすがりの市民にまちの魅力や課題などを書き込んでもらう「ガリバーマッププロジェクト」や、駅前広場を活用した実証実験「一日交流交差点」、研究会やシンポジウム等を行い、具体的な「交流交差点」のイメージを膨らませていった。

まだ「コミュニティカフェ」という言葉も一般的ではなく、こうした公益性の高い地域活動を事業として行う「コミュニティビジネス」という考え方もあまり知られていない頃だった。しかし、さまざまな意見交換がなされ具体的になってきた頃に作成したイメージ図を見ると、そこには、現在タウンカフェで行っているような地域交流イベント、情報発信、地域活動支援などが描かれている。またスタッフについても、コーディネーターやアドバイザー、スナックのママさん、喫茶店のマスターなどの記載があり、いわゆるカフェの店員さん的な要素もあれば相談員的な役割も意識していたことが分かる（図1）。

こうした研究会や検討会でさまざまな意見が交わされるなかで、「高校生がケータイをいじって

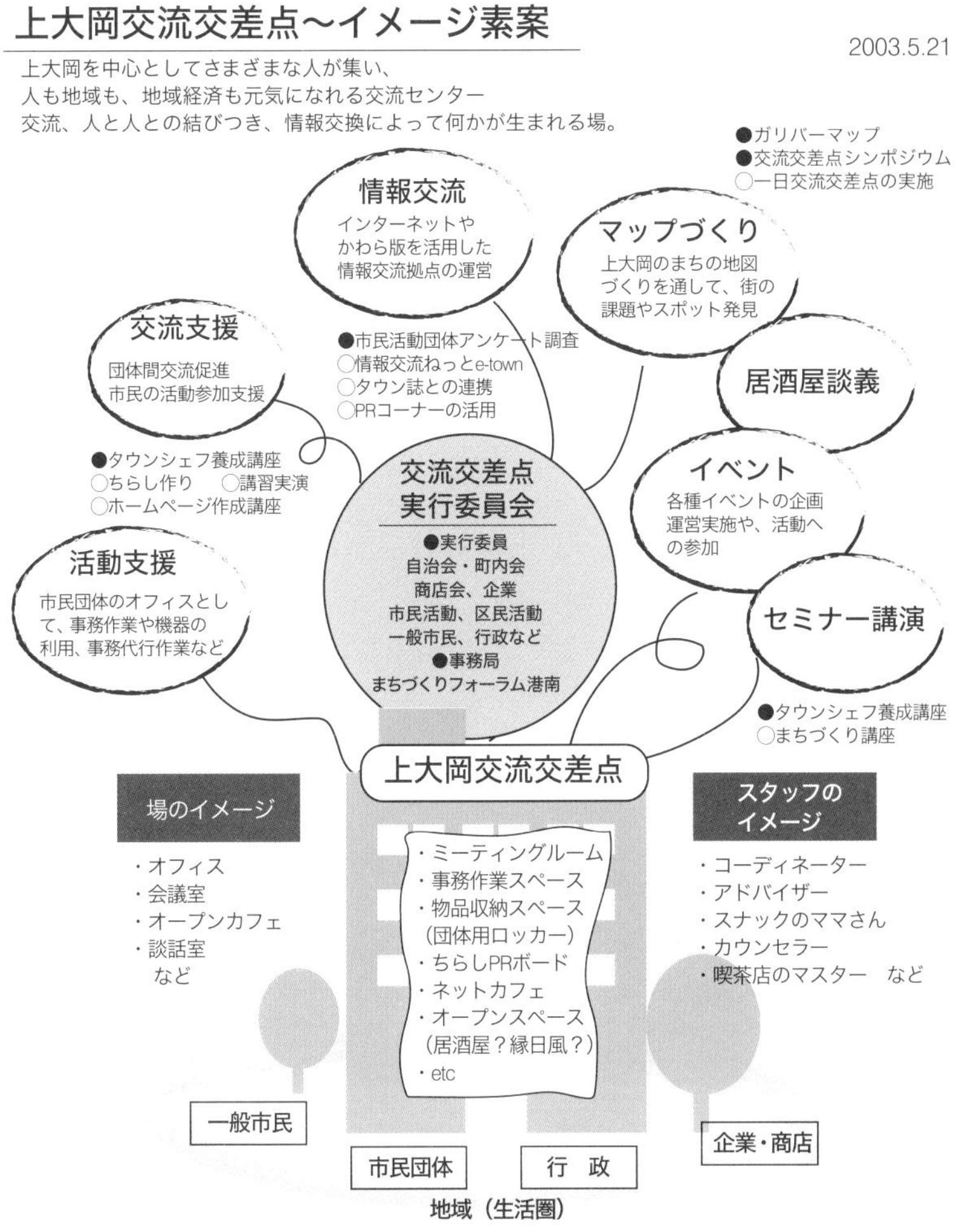

図1　タウンカフェができる2年前に描かれた交流交差点のイメージ図

いる横で、まちづくりについて熱っぽく議論している人たちがいるような、そんな場をつくりたい」この表現が僕のなかで一番響いた。

つまり、既存の施設は市民活動や趣味の講座など目的を持った人が訪れる「特定の場」であり、そこに特に目的のない一般市民が混ぜこぜになる機会はない。メンバーたちがつくりたいと思っていたのは、これまで接点のなかった人たちが出会う機会があり、そのことにより何かが生まれ育っていくような、そんな場所だった。

そのためには、「駅前の好立地」で、さらには、誰もが「ふらりと立ち寄れる場」であることが重要。そこで考えついたのが「カフェ」という空間だった。もっとも「カフェではなく居酒屋がいいのでは!」と半ば冗談で盛り上がったこともあったのだが(笑)。

しかし当時のメンバーの多くは、それぞれの仕事や地域活動などで忙しいことに加えて、誰かが土地や物件を持っているわけでもなく、運営資金のアテがあるわけでもなかった。つまり大切な3要素と言われる、「ヒト・モノ・カネ」すべてがなかったのである。

■偶然の出会いで見いだせた活路

活動を開始して3~4年ほど過ぎ、やや行き詰まりを感じ始めた。

そんな頃、株式会社イータウン(以下「イータウン」)の仕事がきっかけで「横浜港南台商店会(以下「商店会」)」と出会った。商店会ではホームページの管理更新以外にも、事務局機能の強化が必要とされていた。打ち合わせの途中、雑談のなかでふと交流拠点づくりの話をしたところ、「それいいね〜！」と意外にも当時の商店会長の故・稲村昌美さんが興味を示してくれた。「場所ならあるよ」、副会長の北見敏章さんが指差したのがご自身のビルの2階、今の港南台タウンカフェがある場所だ。「交流交差点＝コミュニティカフェ」実現への道が開かれた瞬間だ。

「商店会もバックアップするので、やってみないか」、話はトントン拍子に進みそうになった。だがいったい誰が運営するんだ。商店会とお付き合いがあるのは僕であって、まちフォのメンバーは面識がない。しかも「NPO」なんていうのは胡散臭いという印象が当時の商店会の人たちにはあるようだった。

まちフォで積み上げてきた構想を自分がやってしまっていいのだろうか、自分に担えるのだろうか…散々考えたあげく、まちフォのメンバーに、みんなで考えていたようなカフェを港南台で開けること、運営はイータウンが事業としてやろうと思っていることを告げた。

メンバーたちは「わぁ〜、すごい！」と純粋に喜んでくれ、そして「大丈夫？」「無理してない？」と心配した。まちフォの人たちはそれぞれの仕事や活動の第一線で活躍している人たち。「想い」や「知恵」はあっても、ともに担っていく時間的余裕がない。

「そうだ、ここは自分が覚悟を決めるしかない」。逡巡する思いを振り払って前を向いた。

■産みの苦しみ〜事業モデルの構築を模索

個人経営の喫茶店やカフェの運営が厳しくなっているこの時代、素人でカフェの経営ができるだろうか。ましてや僕たちが求めているのは、美味しいスイーツやランチに付加価値をつけ、回転率や効率を上げて利益を生み出すことではない。むしろゆったりとしたスペースでミーティングをしたり、くつろいだり、関わり合ったりしてもらいたいのである。

そこで、当時横浜でいくつか運営されていたハンドメイドショップをヒントに、レンタル棚の仕組みとカフェを融合させることで、空間を効率的に活用しながら採算性を高めることを考えた。作家さんたちに月極で小さなスペースを貸し出し、その利用料と販売手数料をいただくシステムと、商店街空き店舗活用の補助金を組み合わせれば、当面の運営は可能だと踏んだのだ。

また、イータウンとして、自己資金300万円に加えて、金融機関から500万円の融資を受けてスタートさせるという大きな決断をした。

イータウンは「地域情報サイトe-town（以下「e-town」）」を運営することを軸に2002年に個人事業として自宅で創業した。この頃にはホームページ等のデザイン業務の受注も少しずつ増えて、関内にあるインキュベーション施設でデスク一つを借りて創業メンバーでもある野崎智也くんと2人体制で業務を行っていた。しかしそろそろ小さな事務所を借りる必要性を感じていたタイミングでもあったため、カフェのバックヤードに事務所機能を備え、そこでカフェの店番を

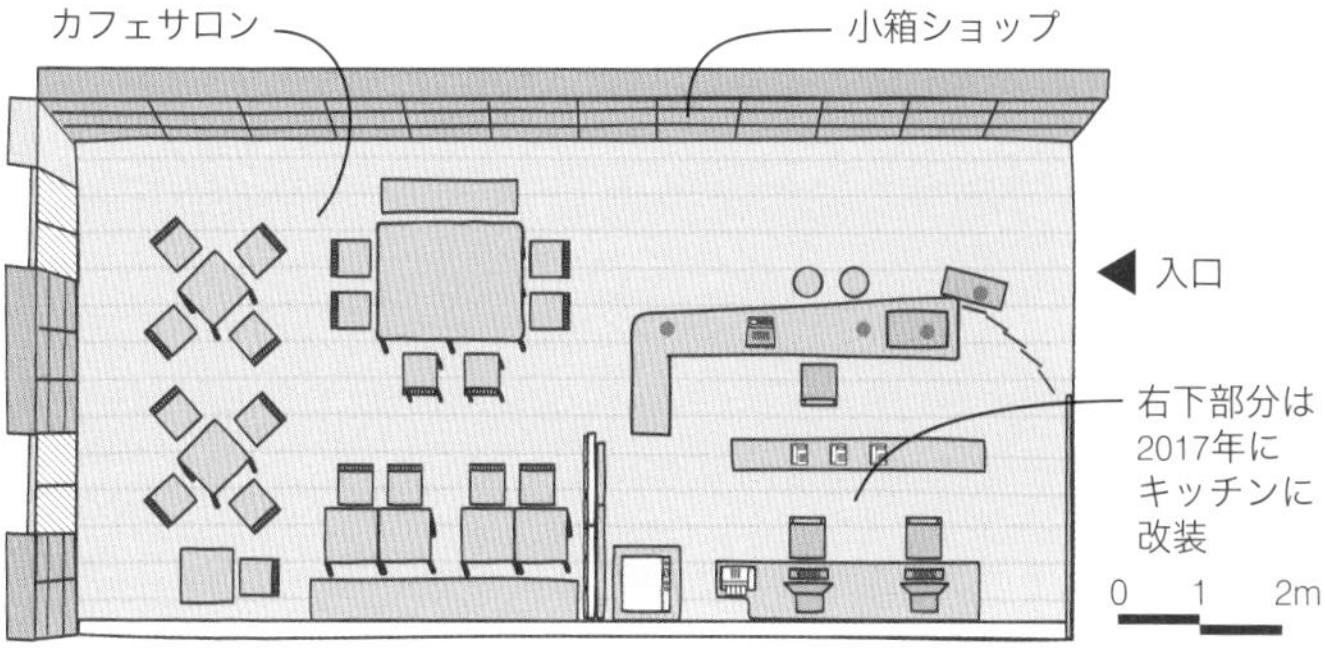

店内の俯瞰図

■港南台タウンカフェ DATA
○名称： 港南台タウンカフェ
○運営：株式会社イータウン
（横浜港南台商店会、まちづくりフォーラム港南との連携による運営）
○所在地：横浜市港南区港南台 4-17-22 キタミビル 2F　TEL：045-832-3855
○営業時間：月～土 10:00 ～ 18:00（日・祝・第 1 火曜日定休）
○開設：2005 年 10 月
○主な事業：カフェサロン（飲食）、小箱ショップ、まちサロン、もっと×2 交流ステーション、情報発信（情報誌・ポータルサイト）、キャンドルナイト in 港南台等の地域交流イベント、こもれびカフェなど
○客席数：24 席（テーブル 20 席、カウンター 4 席）
○店舗面積：72.7m²（約 22 坪）
○小箱ショップ棚数：約 90 棚
○一日の来客数平均：80 名
○スタッフ：有償非常勤スタッフ 6 名、ボランティア約 15 名
○年間予算：約 1678 万円（2018 年度）
・開設時改装費用：480 万円
・収入：カフェ事業 244 万円、小箱ショップ 780 万円、物販 98 万円、寄付 12 万円、補助事業 290 万円、委託費 117 万円、その他 137 万円
・支出：人件費 473 万円、原材料費 184 万円、小箱預り金 359 万円、管理費 278 万円、家賃水光熱費 330 万円など
○財源内訳：自主事業 72%、補助 / 助成金 21%、会費・寄付 7%
港南台タウンカフェ　http://www.town-cafe.jp
株式会社イータウン　http://www.e-etown.com/

しながら空いている時間に商店会の事務と本業のデザイン業務を行うことに決めた。タウンカフェ単体では採算が取れなくても、商店会の業務委託費と、デザイン事業部門の売上で家賃などのコスト負担ができるという考えだ。ある程度の目安ができて、タウンカフェ開業へと大きく舵を切ったのは2004年秋のことだった。

内装の設計は、知り合いの紹介で、一級建築士事務所もくもくSTUDIO（以下「もくもくSTUDIO」）の石井啓介氏にお願いした。駆けつけた石井氏はすぐにイメージが湧いたようで、「斉藤さん、ここからね、あっちの突き当たりまで壁一面だーっと棚をね…」と芸術家のような髪を揺らしながら身振り手振りを交えて語ってくれた。

サプライズで作ってきてくれた完成予想の模

入りやすく居心地良く設計されたタウンカフェの模型

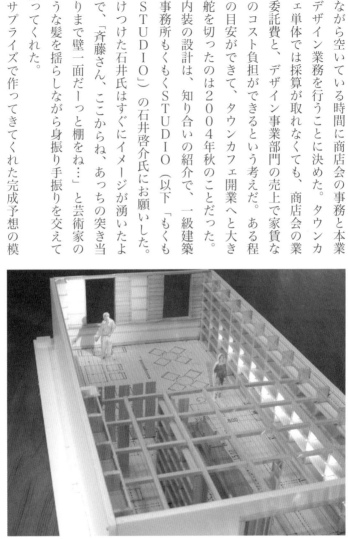

型を見たら嬉しくなって、上から見たり横から覗いたり毎日食い入るように見入ったものだ。

夏になる頃、小箱ショップのオーナー募集を行った。始めは反応が少なかったが、手作りを趣味とする知人たちに連絡をとって口コミで広めてもらったり、準備期間中借りていた事務室前の廊下に見本の棚を置いてみたら、出店希望者が訪ねてくるようになった。質問を受けるたびに小箱出店ルールを書き換える…という手探りの日々だった。

地域に向けては、オープンミーティングを3回開き、連合自治会長をはじめ、まちの人たちや行政関係者がたくさん集まってくれた。「新参者がなぜまちづくり?」という声もあったようだが、会場では期待を寄せる発言が多かった。地域情報紙の取材も受けた。

ボランティアの説明会は近所のお洒落なカフェで行った。小箱のオーナー、学生、ご近所の主婦の方など12~13人が集まってくれた。スタッフはイータウンのデザイナー、商店会の事務をやっていた主婦の方、まちフォのメンバーの1人など、接客経験のない人ばかり。そうこうしながらもやっと開店にこぎつけた。

ところが、オープン間近の大事な時期に僕は熱を出して寝込んでしまった。慌てふためきながらも予定の準備を進めていったスタッ

オープンミーティングの様子

ハンドメイド作品に囲まれたカフェスペース

フたち。この時、「自分たちがしっかりしなければ！」と思ったことは間違いないだろう。そして2005年10月。横浜港南台商店会・まちづくりフォーラム港南・株式会社イータウンの3者が連携して運営する「港南台タウンカフェ」がオープンした。

2 お洒落なショップ&カフェか、まちづくり空間なのか？

タウンカフェは、特定の目的がなくてもいつでも誰でもふらりと立ち寄れ、そこにいることができる「公共空間」である。

こう言われると、どうも堅苦しい場を想像されるかもしれないが、「まちの広場的なカフェ」とでも言えるだろうか。

実際に店内に足をふみ入れると、「ハンドメイド雑貨屋さんにカフェが併設されている可愛いお店」だと感じる方が多いであろう。

もちろん、ハンドメイドショップやカフェを運営することだけが本来の目的ではなく、まちの居場所機能を果たしながら、さまざまな人がつながり地域と関わる機会を提供する「地域交流の拠点」が狙いである。

そう思うと逆にやや不思議さや、違和感を感じるかもしれない。

「地域交流拠点」だと思って来てみると、ただのショップ&カフェではないかと思われ、「ショップ&カフェ」のイメージで来ると、ふつうのお店とは違い、やや不思議な雰囲気が漂っている場だと感じられる。この相対する二つの不可思議な側面を持つのがタウンカフェの大きな特徴なのだろう。

タウンカフェが目指す役割としては、地域の安心できる「居場所機能」に加えて、同じ志向を持つ人たちの仲間づくりや、立場や世代を超えた多様な方々の交流といった「つながり交流機能」がある。そして、地域活動やまちづくり活動を知り、関わるようになった人たちが、やがて担い手になっていくという人材発掘、さらには地域のつなぎ役、いわばコーディネーターに育つという人材育成に取り組み、自立的なまちづくりの実現に貢献していくと考えている。

しかし、「一緒に交流しませんか?」「まちづくりに参加しませんか?」「コミュニティカフェですよ〜」と呼びかけても多くの方は興味を示さないか、逆に警戒して足を踏み入れないであろう。

また、ある特定のコミュニティやまちづくり関心層だけの集まりでは収益が見込めない。そのため、タウンカフェでは「まちづくり」や「コミュニティ」というキーワードをあまり表立って表現せず、誰でも入りやすい「ショップ&カフェ」的なスタイルとしている。実際収入の8割近くは「まちづくり」や「交流」とは関係のない小箱ショップやカフェ、物販などで占められている。

とはいっても、本来の目的をおざなりにしては本末転倒である。ショップやカフェとして来店されるお客様にも、さり気なくでも目的や狙いを知ってもらうために、テーブルには「カフェアルバム」を置き、まちの情報や図書閲覧コーナー、毎月発行の「港南台タウンカフェ便り(通信)」などがいつでも気軽に見られるように工夫している。まちづくりを意識しない方も関心があればそうした情報を入手したり、タウンカフェのコンセプトをうかがい知ることができる。そして気に入ったイベントやサロンがあれば、どなたでも気軽に参加できる仕掛けになっている。もちろんスタッフのその場に応じた適切な声がけがきっかけになる重要なポイントであることは言うまでもない。

つまり、まちづくりや地域活動を意識していない多くのお客様の存在があるから、コミュニティカフェの自立的な経営が成り立ち、さらには、そのなかから少数でも、ある一定層が関心を持って、ごく自然とまちづくりイベントや活動に参加する機会につながっていくこと、言い換えるならば「まちづくりの人材発掘機能」を常に意識し実践している場なのである。

3　居場所として安心してくつろげる、温かい交流空間

タウンカフェの重要な機能は、誰もがそこに気軽に来ることができ、安心していられることである。これは当たり前のようだが、そこにいる理由を問われることも詮索されることもないことが重要なのだ。特別なプログラムを除いては、会員登録したり、この行政区の住民でないと利用できないといった条件がないことが、僕が考えるコミュニティカフェの前提条件である。

そして、自由に店内を見て回ったり、カフェでホッと一息お茶を飲んで、居心地良くくつろげることも重要だ。また、ごく自然な雰囲気のなかでスタッフや他のお客さんらと会話が弾んだり、作家さん同士が知り合いになるように、誰かとつながる雰囲気もあることが特徴である。

タウンカフェでは、スタッフが介在していわゆる「相席」をお願いすることは少ない。しかし不思議なことに、なんとなくお客様同士で、「ご一緒していいかしら〜」とか、「ステキな作品を作っていらっしゃるのね〜」などと自然に会話が生まれ、気がつくと同じテーブルでお茶しながら話が弾むという光景もしばしば見かける。

小箱ショップの作家さんが、テーブル席で商品に値札をつけたり、商品チェックなどしていると、通りがかりのお客様と自然に会話が弾んだりすることもある。「先日このアクセサリを妹にプレゼントしたらすごく喜んでくれたので一緒に見に来たんですよ〜」などと旧友のような雰囲気になる

なんてこともよく起きる。

小箱ショップの作家さんは知人の紹介で出店される方もいらっしゃるが、知人もないなかで出店される方も多い。そんなときは誰でも不安になるのだが、スタッフやボランティアの受け止めや、何気ない気づかいなどで自然と和やかな空気感に包まれることもしばしばだ。オープン時から、14年間ボランティアを行っている杉浦眞知子さんは、港南台テント村（以下「テント村」）やキャンドルナイトなどさまざまな活動で活躍されているが、そのなかで日常的にカフェサロンの見守りも行っていただいている。小箱ショップの商品管理などの作業を行いながら、必要があれば、不安そうなお客様にさりげなく声がけしたり、作家さんたちの受け止め役など、スタッフだけでは担えないきめ細やかな気配りで和やかな場をつくる一翼を担っている。

小箱ショップの作家さん同士の関係も重要な要素である。初めて会う作家さん同士でも、ちょっとした挨拶や、お互いの作品を褒めたり、質問したりというなかで少しずつ関係性が築かれていくことが多い。年に数回開催される「小箱サロン」では、作家さん同士が作品の紹介を行ったり、商品のディスプレイや、写真撮影のレクチャーなどさまざまなプログラムも行う。小箱サロンをきっかけに同じ趣味や嗜好をもった作家さん同士の関係性が芽生え、豊かなつながりが生まれていくのである。

また、ある時、常連のお客様に、小さな上のお子さんをお手洗いに連れていくから、生後数カ月の赤ちゃんをちょっと見ていてくれないかと頼まれた。子ども好きの僕が嬉しくなって抱っこして店内を歩きまわっていると、「あら、斉藤さんのお子さん？」と小箱ショップの作家さんが寄ってきて、違うと分かるや「私にも抱っこさせてよ〜」と嬉しそうに赤ちゃんを奪い取っていく。そのうち、別のお客様が「可愛いわね〜、ちょっといいかしら」と次々にお世話係が増えていき、預けた方が戻って来た頃にはすっかり人だかり（やや大げさか）になって、ワイワイと赤ちゃんや子育て談義に花が咲くということがあった。

こうした何気ないきっかけから人のつながりが生まれることは、以前であれば、地域の商店街や八百屋さんなどでごく自然と見られたのであろうが、現代の社会では機能化、効率化されすぎたせいなのか、人々の意識の変化なのか、きわめて少なくなったように思える。それがどうしてタウンカフェだと自然にコミュニケーションが取れるのだろうか？

タウンカフェではただ単に商品を棚に並べてお客様に販売するだけではなく、こうした

もっと×2 交流ステーションの紹介チラシ

会話の弾む手作り教室

ささいな関係も、スタッフがちょっと「おせっかい」をやくことでつながっている。またこのような温かい関係を大切に思う人が自然と集うので、人のつながりが生まれるような空気感が漂っていくのではないだろうか。

さらに、一歩踏み込んで積極的に交流したい方には、「もっと×2交流ステーション」という自由な交流飲み会や、「まちサロン in Cafe」といった交流イベントも用意されており、そこでは、自己紹介や意見交換などのプログラムがあるため、通常のカフェよりもかなり関係性を深めることができる。

4　一歩踏み出すことのできる豊富な機会

タウンカフェは、自宅や職場以外のサードプレイスとしての居場所機能やつながり交流機能を果たしている。しかしそれだけではなく、さらに一歩踏み出し成長できる機会が多くあることがもう一つの特徴である。

一つの例として「小箱スクエア」がある。これは小箱ショップの作家さんが、カフェスペースを

大学生らが考案した手作りゲームは子どもたちに人気

利用して、展示販売や制作実演、ワークショップ（教室）などを行うプログラムである。開設時には考えていなかったことだが、実際に運用を始めてみると、作品の魅力や価値はもちろん、作家さん自身の魅力や価値をお客様に知ってもらう良い機会であることに気づいた。当初は参加者が集まらないことも多かったが、作家さんたちと試行錯誤を繰り返すなかで常連の参加者も増えてすっかり定番プログラムとなった。時には同時に複数のスクエアが開催され、カフェが大変な賑わいになることもある。夏休みには「キッズスクエア」という子どもたち向けのワークショップまで行われるようになった。こうして作家さんたちは、ただ制作をして販売するだけでなく、「教える」という形でまちの人たちに貢献するようになった。

また、小箱ショップのオーダーメイドの打ち合わせがきっかけで「音楽通り」というプログラムが生まれたり、ゼミのインタビューで訪れた大学生たちが、テント村でオープンカフェをやろうと、その企画から運営まで担い、その後ボランティアとして継続的にタウンカフェの運営に関わるということも起こった。

さらには、小箱サロンでの何気ない一言がきっかけとなり、キャンドルナイトが生まれたり、商店会メンバーが中心となりチームを結成してまち歩きイベントを企画運営したりと、さまざまな場面でお客様や利用者が、「まちの活動の担い手」に変容することが数多く起きている。もともとはまちづくりに関心もなかった方や、あったとしても一歩を踏み出せずにいた方々が、些細なことをきっかけに、気がつくとボランティアやイベントスタッフ、運営メンバーといった、さまざまな立場でまちづくりに関わっている。これこそが、コミュニティカフェたるゆえんであり、タウンカフェの大きな特徴でもある。

5 地域のつながりづくりやコーディネート機能

これまで述べたように、タウンカフェは、誰もが自分らしく快適に過ごせる「居場所」機能を持ち、さらに一歩踏み出して、まちの活動の「担い手」を生み出す機能を持ち合わせている。この二つの機能はコミュニティカフェには欠かせないものであるが、もう一つ「まちのつなぎ役」という役割もある。

タウンカフェは開設前の「交流交差点」を模索している頃から、明確にまちのコーディネート機能を意識していた。タウンカフェ自体が主体性を持ってまちづくりに取り組むことも大切だが、予算も体制もノウハウにも限界があり、必要だと思ったことすべてが実践できるわけではない。また地域ですでに活動している方々がいらして、その活動の経験や価値をつなぐネットワーキングや相互支援を行う環境づくりなどを行うことで、まちがさらに良くなっていく、そんな地域社会を目指していたからだ。

そうした意味でも、タウンカフェで取り組んでいる、「キャンドルナイト」や地域情報誌「ふ〜のん」発行、「港南台地域元気フォーラム」などは、タウンカフェ自身が主体性を持って活動を担っていながらも、それらの活動を通して、多くの方や団体、事業者の方々がつながり、さまざまな地域課題や成果を共有していく機会となっているのだと感じている。

こうした活動は、収益を生み出さない非営利活動がほとんどである。多くがボランティアの方々によって担われているが、見えない裏方の事務作業や間接コストがかかるため、実際にはやればやるほどコストがかさんでいく。

しかし、開設3年目から、「港南区民活動支援センターブランチ事業」の仕組みづくりを行政と協働で取り組み、かかる事業費の一部は補助されるようになった。利益こそでないが、継続して運営できる体制ができたことは、港南台のまちづくりにとって、とても大きな意義があると思っている。

港南台地域元気フォーラム

2 場があるからこそ生まれるもの

｜ 音楽通り：ふと見たワンシーンが活きる瞬間

タウンカフェがオープンしてちょうどひと月が経った頃だった。小箱ショップの作家さんでカバン作りを行う石川三代子さんが、着物の帯をリメイクしたオリジナルバッグの制作を頼まれ、カフェで打ち合わせしていた。「布地が余るのでポーチをサービスで作ってあげる」というと、そのお客様は「笛を収納する袋を作って欲しい」とのことで実際に篠笛《しのぶえ》を取り出して採寸されていた。通りがかりにそのやりとりを耳にした僕が篠笛がどんな音なのか伺ったところ、その場ですぐに演奏してくださった。

その音色はとても美しく、タウンカフェの空間はとても良い雰囲気に満たされて、その場に居合わせたお客様もみなさん大満足。なによりも僕自身が魅了されてしまった。その方の「こんな演奏でよければときどき吹きに立ち寄りましょうか？」との提案に、スタッフに相談することもなく是非にとお願いしたのだった。

それほど、演奏を聴きながらお茶を楽しむという贅沢で心地良い時間の流れや、タウンカフェ全体の空気感が魅力的だったのである。

そうは言っても、その後、謝礼はどうしようかとか、お客様から参加費をいくらいただくと採算がとれるかなど、悩みがでてきた。ちょうどそんなおり、毎週コーヒーを飲みにいらしている、お隣の音楽教室の奥山敏美先生がいらしたので相談してみた。すると意外な答えが返ってきた。「お店も演奏者もお客様も、お金のやりとりはいっさいしないでいいんじゃない？なによりもここは、まちのカフェでしょ？いろんな街の通りのなかで音楽の通りが1本あるのもいいよね」。そんな会話から、その日のうちに「音楽通り in Cafe」と命名され、出演者募集のチラシが翌日にはできていた。これが現在も続く音楽通り誕生のエピソードである。

小箱ショップのハンドメイド作家さんがいて、カフェという空間があり、そしてタウンカフェを一緒に良い場にしていこうという演奏者や常連の方の想いが交わり、一つの

2人の出会いから音楽通りが生まれた

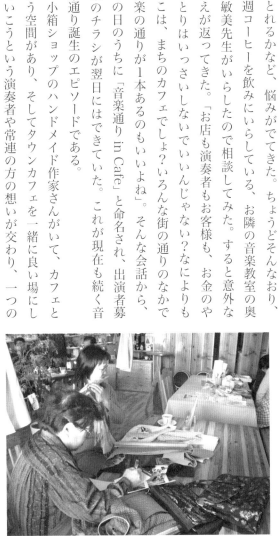

あたたかな音色に包まれる音楽通り

温かい「通り」が生まれたのである。こうしたちょっとした偶発的なきっかけから、いろんな人の魅力を知ることができ、その魅力が輝く活動へと発展していくことがある。そしてその活動を通して新たな人たちが引き寄せられ、またつながりの輪が広がっていくのである。

2　小箱ギャラリー：みんなが主役のコミュニティ

タウンカフェでは年に数回、店内のギャラリースペースを使って小箱ショップ作家さんの合同展示販売会を行っている。たとえばクリスマスの時期は、作家さん自慢のクリスマスオーナメントやグッズなどが所狭しと陳列される。ほかにも母の日や夏のトロピカルフェア、手づくり材料市などさまざまな趣向を凝らしたギャラリーを毎年開催している。

個人やグループとしてのギャラリー展示販売は、開設当初から行われていたが、２００９年４月に「作家たちの手と手と物語」と題して開催された展示会は、いろんな作家さんたちが、関心を持って参加した取り組みだ。みんなであれこれアドバイスをしあい、飾りつけをするうちに、一緒に場を良くしてこうという機運が高まり、作家さん同士の交流や関係が深まるきかっけになった。

そして2011年に、小箱ショップの作家さんがあつまる交流会「小箱サロン」で話し合い、「クリスマスギャラリー」が生まれた。設営の際にはもちろんスタッフもその場にいたのだが、スタッフの指示ではなく、多くの作家さんたちが自然と役割分担しながら、レイアウトや什器の選定、出展のルール決めやディスプレイなどを行っていた。

その後も手作りする人たちを応援する手芸材料やキットの販売会「手づくり材料市」も実現。期間中は小箱スクエアというワークショップを重点的に行ったり、見守り当番としてお客様の質問に答えたり、応対するなど積極的な動きが出てできた。

「小箱ギャラリー」を数年続けていると、おのずと役割分担も決まってきて、大御所の方は座って舞台監督役で後方から見守りつつアドバイスをする。若い方は脚立によじ登りワイヤーに展示棚や作品を吊るす。ほかにも色合いや作品のバランスを見て配置を決める役割や、細かい飾り付け、

みんなでアイデアを出し合って展示会の飾り付けを行う

飾り付けも自分たちで

商品ディスプレイなどいろんな分担が手際良く見事にできるようになってくる。

こうした一緒に考えて実践するというプロセスが、作家さん同士やスタッフとの関係性を築く良い機会にもなっている。小さなプロジェクトではあるが、小箱作家さんの仲間意識も育つとともに、主体性を持って参加することで、みんなが主役の小箱ショップとなり結果的に担い手意識も生まれてくるのだろう。

3 手づくり募金：小さな気持ちが集まった被災地支援

タウンカフェでは開設当初から、災害時などには店内で募金を呼びかけて被災地支援を行ってきた。NPOや団体に支援金として直接現地での活動に役立ててもらい、その結果を募金いただいた方々にフィードバックするように心がけている。

2007年7月に発生した新潟県中越沖地震の際にもレジの脇に募金用のガラス瓶を置いて呼びかけを行っていた。そんなある日、前述の石川三代子さんから声をかけられた。手には籠いっぱいの小さな布製の手作りポーチをかかえている。この籠を店内に置いてもらえないだろうかというお願いだった。「ただ募金箱にお金を入れるだけだとなんか寂しい感じじゃない？だから募金してくれた方にポーチを一つ持って帰ってもらいたいの」とのことだった。

自分の小箱で販売すればそれなりの売上になる商品でもあり、やや躊躇したが、「自分は被災地に行って復興支援できるわけでもない。これぐらいの手伝いしかできないのよ。やっぱりじっとしてらんないのよね」と熱く想いを語られるので、初めての試みだが募金箱の横に置いてみることにした。お客様の反応は好評で、ポーチ目当てに募金される方もいたくらいで、結果として被災地支援活動をより広く知ってもらう機会になった。

後に、この活動を「手づくり募金」と命名し、その後の２００８年５月のミャンマー・サイクロン災害のときには、石川さん以外にも数名が趣旨に賛同

手づくり募金の様子。たくさんの可愛い作品が募金箱と一緒に並んでいる

手づくり募金の発案者、石川さん

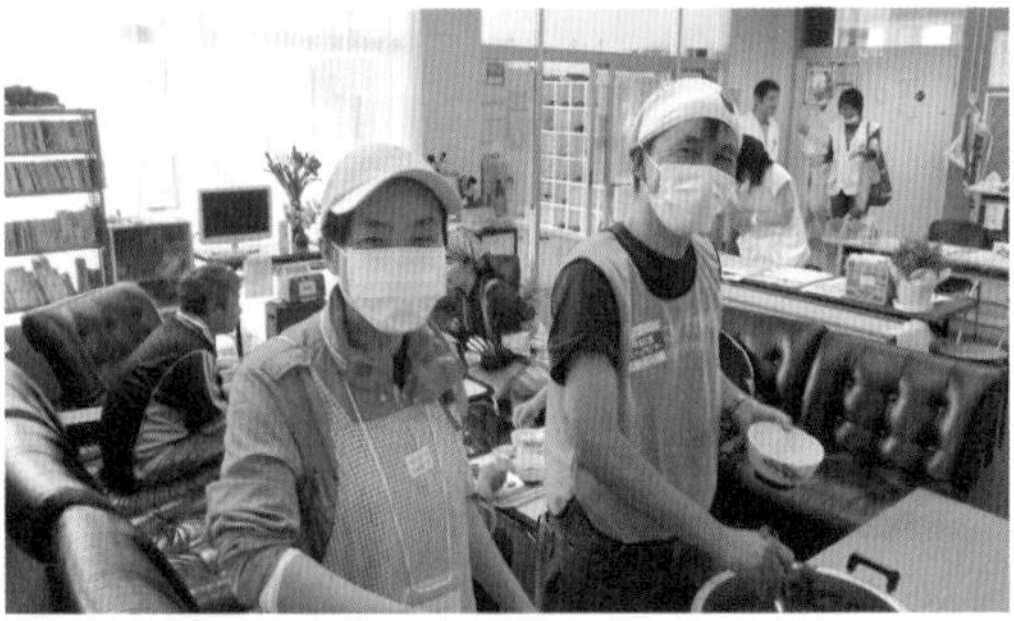

被災地支援のため向かった岩手県大槌町では炊き出しなどを行った

東日本大震災復興支援写真展

して作品を提供してくださった。

２０１１年３月の東日本大震災の際には、25名を超える作家さんが賛同・協力して作品を提供してくださり、12万円を超える募金が寄せられ、想いの輪の広がりを感じた。この募金はタウンカフェが参加している「くらしまちづくりネットワーク横浜（通称くまヨコ）」として岩手県大槌町の被災地支援に行った際、避難所での炊き出しの材料費や交流イベント実施等の経費に使わせていただいた。

そして、被災地の様子を写真展や活動報告会を通して、協力いただいた小箱作家さんや募金していただいた方々に知ってもらった。さらに、大槌町のまちづくり活動を行っているＮＰＯや団体の方々を招いたタウンカフェでの交流会開催や、現地への訪問ツアーの実施など、震災後の交流も深まっていった。

こうして一つ一つの想いを受け止め、一緒に方策を考えて実践していく。この日々の積み重ねが活動の輪を拡げ、信頼関係の構築にもなっていくのだろう。

4　失敗が生み出した信頼関係

タウンカフェでは、地元の個人店で作られた手作りパンやお弁当、焼き菓子などを販売している。安全で美味しいものを提供するだけではなく、地元の隠れた名店などを紹介したいという想いもあるからだ。

なかでもおせんべいを販売し始めたいきさつは実にユニークで、まさしく「失敗から生まれた関係づくり」なのである。

当時学生たちが中心となって企画編集して発行していた「港南台タウンカフェ通信」通称「かわら版」で、地元で長く愛されていた「三ツ山製菓」さんのおせんべいづくりを取材させていただいたことがあった。しかし掲載する記事の確認があまり丁寧でなかったことや、こちらからお届けする前に自治会経由で配布されたことなどもあって、お叱りを受けたのだった。責任者である僕がお店にお邪魔して、経緯の説明をし、約1時間にわたってお詫びをさせていただいたのだが、そのうち気がつくと地域のまちづくりの話題にだんだんとシフトしていったのだ。

もちろんこちらの不手際でご迷惑をおかけしたので、簡単に「意気投合」とまではいかなかったのだが、なぜこうした地域情報誌を発行し

港南台タウンカフェ通信「かわら版」

手際良くおせんべいを天日干しする三ツ山さんご夫妻（2008年夏の様子）

ているのか、またどうして高校生がボランティアで取材しているのかと問われ、その説明をしているうちに少しずつタウンカフェのことをご理解いただけたのだろうか。

最後に重ねてお詫びを申し上げて帰ろうとした際に、ちょっと待つように言われ、何事かと思ったら「おたくでうちのおせんべいを取り扱ってもらっても構いませんよ」とのこと。突然のことでポカンとしつつも、それはありがたいとお返事するやいなや、おせんべいがどっさり詰め込まれた大きな紙袋を渡され、両手に抱えてタウンカフェに帰ってきたのだった。まったく想定してなかったことで驚きもあったが、創業50年の名店であり、この時代に店の軒先で「天日干し」と手作り製法でこしらえているおせんべいを取り扱わせていただくことは非常にありがたく、その日からタウンカフェで販売させていただくことになったのだ。

以来、この「三ツ山せんべい」はタウンカフェの大人気商品で、小さなお子さんからご年配の方までこよなく愛されたのである。女将さんもことあるごとにタウンカフェでこんなに売れるとは思ってもみなかったわよ、などと笑ってお話されていた。

その後、おせんべいのお取り引きだけではなく、「ふ〜のん」の取材協力や、まち歩きツアーでのチェックポイント受け入れなどにもご協力いただくようになった。

また、タウンカフェでは不登校やひきこもりの青年たちの受入研修を行っているのだが、いつもおせんべいの仕入れに行く青年たちのことを、とても気にかけてくださり、「彼はその後アルバイト見つかったの」とか、「最初の頃は声もでなかったけど、最近ははきはきしゃべれるようになって、目の輝きも違ってきたわね〜」とおっしゃっていただけるなど、地域の温かい目として見守っていただいた。嬉しいかぎりだ。おそらく当初取材のお詫びの際にも、ただ単にクレームを言うのではなく、こうした想いを伝えて共感できることまで見据えてのお考えや助言だったのではないだろうか。いつまでも感謝につきない、こうした関係のきっかけは、失敗からも生まれるものなのだ。

5　安心できる関係性：若者たちの就労支援研修

タウンカフェでは就労支援や社会参加の機会となるための研修として、若者サポートステーションの「ジョブトレーニング」や生活困窮者の就労研修を行っている。いわゆるニートやひきこもりと呼ばれる青年たちや、うつ病などの精神疾患、発達障害等を抱える人たちに一般就労に向けて社会体験を積む機会を提供し、実務研修を行う制度である。

これまで若者を中心に約30名の受け入れを行ってきた。

当初はこちらも初めてのことで、接客研修などできるのか心配ではあったが、実習生の適性にあった業務を探しながら対応してみようと面談を行い、10回の研修を試行錯誤しながら実施してみた。結果として10回だけの研修で飛躍的にスキルアップしたり、コミュニケーション能力が向上するまでとはいかないが、長く社会生活を離れていた青年にとって、家から出て「社会」のなかに身を置くこと、そこで役割を持つということが思った以上に重要であることに気づかされた。

また研修に来た若者たちは、対人関係が苦手な方が多いため、接客スキル向上というよりも、挨拶や日常会話を円滑に緊張せずに行うことから始める必要性があることが分かってきた。そのため、まずは毎週同じ曜日に来て同じスタッフとの関係性を深めることからスタートし、そこで安心感を持ってもらい、その後、他のボランティアやスタッフとの関係づくりをゆっくり進めるようにした。研修内容も、店舗やビルの清掃、お皿洗い、ダンボールや古雑誌の片付け、小箱ショップ売上データの入力作業といった、単純作業が主流となる。それでも3カ月から半年も通うと自信もつき、少しずつ業務のスピードも早くなり、同時に仕事で分からないことがあったり行き詰まったときに必要に応じてスタッフに質問や確認するなど、関係の築き方も学んで一歩ずつ成長していく。

彼らは幼い頃から、友達やご近所づきあい、親戚との関係などが希薄なケースが多かったり、精神疾患や障害などの特性でコミュニケーションが取りづらく、極度に緊張するケースも多い。しかしタウンカフェのスタッフやボランティアの方々は、フレンドリーな女性が多くかつ自然体で細かいことに気を使いすぎず、割とストレートに突っ込んだりすることも多く、かえってそれが良い関係を生み出しているようにも思える。

また、段階的に活動の幅が拡がっていくと、次のステップとして小箱ショップの作家さんたちとの関わりがある。作家さんたちはお客様でありながらも、一方でタウンカフェの仲間のような存在でもあり、商品の納品チェックなどを担当すると、「あら、新しい方ね。よろしくね〜」などとても気さくに接してくださる。

またカフェだけではなく港南台テント村フリーマーケットやキャンドルナイトなどのイベント設営や運営サポートを行っていると、ボランティアの方々が手取り足取り優しくサポートしてくださることも多い。

これはとても重要なポイントで、このようにみんなが温かく迎え入れてくれることで、対人関係に苦慮している彼らの緊張や不安が少しずつ取り除かれ、人間関係が徐々に広がっていくのだ。

現在通っている伊藤くんも昨年から約1年の研修を終えて、現在は自主研修に移行している。当初は週1回1時間のみの研修だったが、初回前夜は緊張してか一睡もできなかったとか。またしばらくの間は家を出る2〜3時間前には起きて準備をするなど緊張感や不安感が強かったが、3カ月も経つと「来るのが楽しくなってきた」と語り、現在は週4日も通うようになっている。長期間連休となったゴールデンウィークは、「研修がなくて物足りなかった」と話すほど自信に満ちあふれてタウンカフェでの活動を楽しめるようになってきている。

こうして、ときに2年とか3年かけて、タウンカフェから巣立っていき、飲食店や工務店などに務めていくようになった若者たちの姿を見ていると、タウンカフェのボランティアや小箱作家さん、イベントスタッフ、商店会など地域の方々、関係者のみなさんの理解や包容力には本当にアタマが下がるばかりだ。

3 思いがけない展開が地域を豊かにする

小箱から飛び出す作家さんたち

小箱ショップは、ハンドメイド作家さんにとって趣味や特技を活かせる自己表現や発表の場である。レンタル棚を借りて自身の作品を展示販売することができる。お客様にとっても、身近なところで世界に一つの素敵なハンドメイド作品を気軽に購入できるのが魅力だろう。しかし、それだけではない良さが小箱ショップにはある。

一つは同じような趣味嗜好を持つ作家さんたちとの出会いや交流により、新たなコミュニティを持つ機会となることである。

日常のカフェでごく自然と出会い関係がつくられることも多いのだが、「小箱サロン」という作家さん同士の交流の場を定期的に設け、各種企画展示や販売イベントについて話し合ったり、ディスプレイやPOPの勉強会、情報交換などを行っている。いろいろな作家さんと知り合うことで、刺激を得て創作意欲も高まり、同じ手作り仲間としての連帯感も生まれて、タウンカフェ全体の心地

小箱ショップ作家さんたちの小箱サロンの様子

良い雰囲気が生まれている。

もう一つは、作家さんには店内で手作り教室や展示販売会、制作実演などを開催できる特典もあることだ。これはお客様と直接やりとりできる貴重な機会だ。お客

結婚してこのまちに来て数年。
ぽつん
思えば近所に友達なんていませんでした。
でも小箱ショップに出店してから・・・
楽しそうだね小箱順調なの？
ルン
ルン
夫
ま、まあね！
よかったネ／
本当はギリギリ棚代稼げてるくらいだけど・・・でも・・・
こんなにいっぱい仲間ができたもの！！
人見知りだったのに・・・！

小箱ショップで地域デビュー！

様にとっても作品を購入するだけでなく、顔の見える関係ができることで、作品やお店に対する愛着もより湧いてくることになる。

ある時、小箱作家さんがこんな発言をされていた。「私のような主婦だと地域では「○○さんの奥様」、学校関係では「○○ちゃんママ」としか呼ばれないんですよ。でもタウンカフェに来て何年かぶりに○○さんって名前で呼ばれたのよ～。思わず嬉しくて涙がこぼれちゃったわ」。

このように小箱ショップの役割というのは、モノを販売するだけではなく、作家さんたちが一人の社会人として自覚することができたり、作家さん同士の関係が紡がれていき、交流や協力関係ができあがる機会となっていることだと思う。さらには、意見交換しながら一緒にプロジェクトを行うことで地域社会での関係が深く豊かになるという機能も持ち合わせている。

カフェで過ごす時間は自分と向き合える時間

2　高校生も大活躍！：被災地復興イベントから、まちの「かわら版」まで

港南台タウンカフェができて間もない頃のことである。２００３年に発生した新潟県中越大震災の復興活動を行っていた長岡市の若手事業者のグループ「えちごそうる」に、アドバイザーとして派遣されて知り合い、その後交流が続いていた。ある時メンバーから「被災地支援の御礼をしたい。東京と横浜で炊き出しができないか？」と相談された。

ちょうどそんなおり、港南区社会福祉協議会や日下《ひした》地域ケアプラザなどが支援していた「しゃべり場」という高校生中心のグループの活動をサポートして欲しいと依頼され、その会合に参加した。高校生とどう接したらいいかと迷いながら、ふと「えちごそうる」の炊き出しの運営を一緒にしてみないか、と働きかけてみたところ意気投合。しゃべり場のメンバー約10名、えちごそうるメンバー６名、そしてタウンカフェのボランティアや商店会メンバーらが協力して、２００５年

テント村での復興支援鍋

の秋に「テント村」の会場で、神奈川の野菜と新潟の特産品を使ったコラボ復興支援鍋をふるまうイベントを開催することになった。高校生たちが震災時の様子や、被災地復興の状況を模造紙パネルにし、震災復興について知ってもらうとても良い機会にもなった。

そのイベントの反省会を行ったときのこと。たまたま商店会が発行している地域情報の「かわら版」を配布したので、意見を求めてみたのだが、年配の商店会役員の方々を目の前にして、なんと高校生たちは「こんなのあまり面白くないですよ～」「街の面白さが伝わってこないですよね」と大いなる批判を展開したのである！

それをじっと聞いていた当時の商店会長、故・稲村昌美さんは、「じゃあ君たちが面白いと思うまちの情報ってなんだろう?」「もしよかったら自分たちで思うように作ってみたらどうだい?」と投げかけた。高校生たちは臆することなく、「じゃあさ、私たちで作ってみようよ～!」と乗り気の

新潟特産品のテント販売

高校生が積極的に復興支援の PR を行った

反応。

その声に3～4名が呼応して、なんと翌週から企画編集会議が始まったのである。学校帰りや休日を利用して取材から写真撮影まで自分たちで作り上げたのが「港南台タウンカフェ通信3号」。見事にできあがった通信を自転車の籠と荷台に山盛りに積んだ高校生たちは、地元の商店や地区センターなどに配ってまわるようになった。

このようなちょっとしたきっかけから、これまで商店会の活性化などには縁のなかった高校生たちが、かわら版づくりを通してまちづくりに主体的に関わっていくようになった。

結果として、まちの情報誌にこれまで商店会にはなかった若い視点が入り魅力アップが図られただけでなく、異なった立場や世代間の交流へと拡がりを見せたのだった。

さらには、取材や編集、配布までのプロセスを自分たちの手でやったこと、今まで知らなかったまちの魅力発見や、地域で活躍している人や活動団体との出会いなど、すべての体験が彼らにとっても成長となったと思う。

商店会役員会で高校生たちと意見交換

彼らのなんとも凛々しくはつらつとした姿が、かわら版発行というツールに隠された宝物なのだと思う。

3 「ふ〜のん」：まちへの想いをカタチに

高校生のセンスが活かされ若返った「かわら版」。やがて編集の担い手は大学生やインターンなどに変わっていったが、ジョギングコースの紹介やスイーツ食べ比べなど、楽しい紙面が作られていった。ただ、やればやるほどもっとまちや人の活動を深く紹介したい…という想いが僕のなかで芽生えていった。

そんな頃、職業体験で訪れていた港南台第一中学校の生徒たちが残していった感想文が目に留まった。そこには、職業体験で得た多くの学びや将来への希望が綴られており、感銘を受けた。「僕たちだけで読むのはもったいない」。その感想文をタウンカフェのホームページに載せた。しかしそれでも足りないと感じた僕は、中学生がレポーターとして改めて体験先を取材し、それをレポートにして地域の人たちに

かわら版を手にまちへでかける高校生

読んでもらう活動を学校に提案した。希望者10名を上限にレポーターを募集し、アポ取りや、取材、作文、編集、校正などを中学生が行う取り組みで、学生や主婦らにもサポートしてもらって「中学生仕事人に出会う」という小冊子が仕上がった。取材先や学校長、商店会関係者らが集まり成果報告会を行うと、商店会の副会長（当時）である北見敏章さんが「これは面白い。まちにとっても重要だ」と絶賛。翌月の会議で検討して、「中学生レポート」を含む地域情報誌を発行することになった。これまで年4回発行していた「かわら版」を年1回の発行とし、まちの人や取り組みをもっと丁寧に取材して伝えようという新たな試みだ。

まちへでかけ取材活動を行う中学生やサポーター

２０１０年夏、第1回目の編集会議には中学生レポート活動のサポーターを含む数人が集まった。本好きの人や、書くことが趣味の人など、これまでカフェの活動には縁のなかった人たちもメンバーに加わり、タウンカフェに関わる人の層が広がった。

新しい情報誌の名前は何がいいだろう。みんなでまちへの想いやイメージを書き出して、何度も話し合いを重ね、「ふ～のん」という名前が生まれた。「ふ～」は風、「のん」は穏やか。「風通しの良い、穏やかな人と人のつながりのあるまち、港南台」という想いが込められている。

取材先やコンテンツもみんなで意見交換しながら創り上げていった。地域で活躍する人や気になるお店、さまざまな活動やサークル。丁寧にお話を伺い、心を込めて文章に収めていく。それぞれの方の仕事や活動への情熱やまちへの深い想い。どうしたらこの感動が地域のみなさんに伝わるだろう。文章にしては読み返し、削ってはまた書き直し…の作業を、みんなで悩みながら重ねていく。入稿直前などは、「やっぱりここの表現、変えたほうがいいんじゃない？」「今ごろ誤字が見つかった！」といったメールのやりとりが深夜にまで及ぶ。

「ふ〜のん」は、昨秋、記念すべき10号を発行した。

地区センターや大型店舗にはまとまった数を持っていくのだが、「もうなくなったので持ってきてください」と催促されるほどまちに定着してきている。

創刊時から10年間編集ボランティアとして参加する菅野裕子さんは、「ふ〜のん」についてこう語る。

中学生レポートの発表会は地域ぐるみで

「ふ〜のんが、まちの魅力の一つとなるといいなぁという想いで続けてきました。みんなが知っている風景やお知り合いがいっぱい載っている「わがまちの本」があるって素敵なこと。そして、住民や中学生が、その本づくりに参加できるのは貴重なことだと思います。ふだん私たちは、地道に地域活動をしている方や地元のお店の人の言葉をじっくりと聞く機会って、なかなかありません。それを直接聞いて伝えられる。中学生のまちへの想いを伝えられるのも、ふ〜のんならではですね」。「ふ〜のんがきっかけとなり、こんなまちに住みたいと思っていただけたという声を聞くと本当に嬉しくなります」。

市民が多彩に、かつ主体的に関われる機会としても、重要な役割を担っているのだ。

まちを愛するレポーターたちの想いが詰まった「ふ〜のん」は、だからこそ地域の人たちにも愛される。そして読者が増えていくなかで、まちを愛する人も増えていく。そんな好循環を生む情報誌「ふ〜のん」は、素敵で大切なまちの宝箱だ。

子ども連れでの取材も当たり前の光景になった

商店会若手メンバーの初の交流会

4　うなぎ食べて商店会が若返る？：港南台まちある隊

港南台の街にはいわゆる「商店街」と呼ばれる商店が軒を連ねる通りがない。昭和40年代後半に計画的に開発された街で、駅前の大型店を中心に、その周辺に団地や戸建て住宅地が形成されているニュータウンだからであろう。

横浜港南台商店会（以下「商店会」）は、1984年に設立され、駅から半径約1キロのエリアに約70店舗が点在する独特のスタイルだ。さらには商店街には必須と言われる生鮮3品を扱うお店もなければ、飲食や物販店も3割程度と少なく、ビル管理や不動産、サービス業などが多い。どちらかというと異業種交流会的な位置づけでもあるのかもしれない。そのため1990年代前半からは「彫刻と野鳥とマロニエのまちづくり」をキャッチフレーズに、街全体を良くする取り組みを行ってきた。

1998年から約20年続いているテント村フリーマーケットなども、そうしたまちづくりの一環として運営されてきた。

タウンカフェ開設当時、商店会役員の多くは60代～70代で構成されていた。商店会長であった故・稲村昌美氏は、事あるごとに商店会の若返りをうたい、バトンタッチする時期を探っていた。そして2012年の夏、若手を集めて交流会をやろう！ということになった。そこで商店会役員などの後継者や若手商店主などに、「うなぎを食わしてやるから一度みんなで集まらないか」と声をかけたのだ。「会長、うなぎで若者は釣れませんよ（笑）」と忠告したのだが、なんと7名もの商店会若手メンバーが集まった。その多くはこれまで商店会活動には関わりのなかった若者たちである。

ただ集まって飲み食いするだけでは面白くないため、僕は商店会活性化ための予算を使って、自分たちで自由に何かやってみないかと、やや半信半疑ながらもその場で投げかけたのである。

同時に、「商店会の青年部」としてではなく、これまでタウンカフェで活動しているボランティアの方々にも声をかけて一緒にやってはどうかと提案した。これも地域の縁を拡げるための重要な仕掛けだと考えていた。その提案に共感した5〜6名の若手メンバーが、テント村や、「ふ〜のん」のボランティア、タウンカフェスタッフなどとともに、商店会からやや独立した「港南台まちある隊」という組織を担っていくことになった。

「港南台まちある隊」が企画したスタンプラリーは「ふ〜のん持っ

まちある隊結成後のミーティング風景

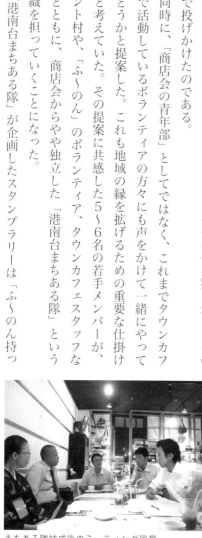

て、まちをあるこう！」とのキャッチフレーズで数年間継続的に開催され、多くの若手経営者や後継者らを巻き込みながら活動は成長していった。

さらに、「港南台ちょい呑みフェスティバル」や「港南台歩き愛《め》です」といった事業も生まれた。これらの活動は、商店会の第2世代となるメンバーが主力となっている。

そこには、若手事業者や経営者ならではの行動力やネットワーク力が光っている。

そして、2019年、新たな組織に生まれ変わるように世代交代が進み、現在の安藤佳之会長も含めた役員のほとんどが30代〜50代の若手メンバーになった。商店会のまちづくりも新たな時代に入ってきている。

港南台まち歩きイベントのポスター撮影の様子

5　たまごキャンドルで紡がれる地域の絆

「今年もキャンドルナイトやるんでしょ、卵、食べてるわよ〜」。夏になるとこんな声をかけられることがある。

キャンドルナイトと卵、どういう関係があるのだろう。

２００７年3月、小箱サロンでのひとコマ。後半の自由な意見交換タイムだったように記憶しているが、ある作家さんがこんな発言をされた。「お隣の本郷台では駅前でキャンドルナイトを行っているが、港南区では行わないのでしょうか？」

「キャンドルナイトは行政が行うものではなく市民主体のイベントなので、やりたい人がやれば良いのではないでしょうか？」と返してみた。するとたまたまその場に居合わせた２〜３名の作家さんやス

キャンドルナイト in 港南台

タッフが関心を持った。２カ月後の夏至の日にタウンカフェで電気を消してろうそくを灯しながら、えちごそうる（先述の若手事業者グループ）で取り扱っている山古志の日本酒でも飲みましょうかと軽いノリで促してみると「さっそく作戦会議をやりましょう！」となり、有志が５〜６名集まって企画ミーティングを開くこととなった。

さて、そのミーティングの日。小箱ショップ作家でアロマテラピーをされている方がこんな提案をされた。「せっかくエコなイベントをやるのだから、市販のキャンドルではなく、たまごの殻に廃油を入れたエコキャンドルを作りませんか？」

なるほどそれは妙案だ！と試しに作ってみたところ、とても可愛い手作りキャンドルができあがった。が、しかし、タウンカフェの中で点灯してしばらくすると…、なんだか怪しげな臭いがするではないか。たまごキャンドルは廃油を使っているので、揚げ物の不思議な香りというか臭いが充満してくるのである。う〜ん、さすがにこれではたまらない。これは、狭いカフェで行うよりも、駅前の港南台テント村会場で行って、多くの人に見てもらおう！ということになった。

廃油を利用した卵キャンドル

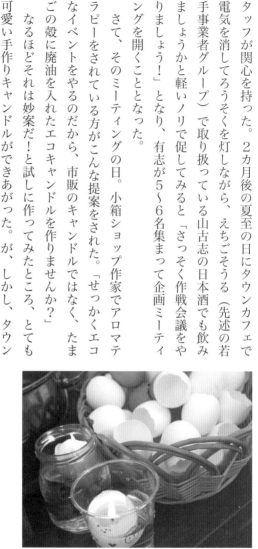

真剣にキャンドルのともしびを見守るボランティア

しかしそれからが大変！外で風が吹いても消えないのか？何個ぐらいキャンドルを用意すれば良いのか？運営ボランティアは？消防の許可は？資金は？などなど。

また、会場で試しに点灯してみると、駅前ということもあり街灯や周囲の店舗の照明が明るく、キャンドルの演出効果が弱いことも分かった。そこで、お隣のファミリーレストラン「ココス」や「髙島屋港南台店」に学生ボランティアが飛び込みで訪問して、「キャンドルナイトやるので当日看板の照明消してくれませんか」という無謀なお願いをした。意外にも快諾をいただいたことに気を良くして周辺の店舗にも協力をお願いして回った。そしてキャンドルナイト当日、ライトオフ予定の10秒前から会場のみんなでカウントダウン。「サン、ニー、イチ、ゼロー！」の声に合わせて周辺の店舗の看板などの照明が午後8時、一斉にライトオフ！会場からは歓声があがった。

約百個のたまごキャンドルと、小学生から大人まで20名ほどの運営ボランティアスタッフ。予算も実績もないなか、地元の企業・団体が約15社も賛同してくれ、ライトオフやポスター・チラシ配布、協賛金や、什器備品など、さまざまな形でご支援いただいた。

ここまで、小箱サロンでの発言からわずか3カ月半の出来事である。今、振り返ってみると恐ろしいほどの無茶な工程だったが、市民のアイデアと実行力に驚かされる。

あれから12年。今やたまごキャンドルの数は約2千個、来場者数も1千名を超えた。当日ボランティアは40名。賛同団体も地元の小さな事業者から大型店まで40を超える規模となった。

来場者がこんなにも増えたのは、小学校の放課後キッズクラブなどへの参加の呼びかけによるところが大きい。

2014年、近隣小学校4校と学童クラブに声をかけたところ、「ぜひ一緒にやりたい」という返事だった。ついでに地区センターやケアプラザなどの区民利用施設もお誘いしたら、やはり参加しようという。地域の約10団体の人たちがそれぞれ100個〜200個の卵の殻を集め、キャンドルを追加したのだ。キャンドルナイトに関わる人たちがぐっと増えた。しかも、ただ眺める人ではなく、自らの手を動かして一緒につくる人たちだ。市民主体の取り組みが広く地域に根ざし、拡がりとつながりを育む活動へと成長してきたのだ。

また、地元の鶏卵業者「八千代ポートリー」の協力で、毎年卵100パックを無償で提供してもらっているが、これも、広くまちのみなさんにお配りすることにした。イベントには無関係、まちづくりに関心があるというわけでもない、これまでは接点のなかった人たちが、受け取ったたまごパックに殻を並べて持ってきてくれる。ここでまた、担い手の裾野が広がった。だから夏になると、「卵食べてるわよ！」になるのだ。

キャンドルナイトは、ボランティアで運営を支える約20名もの実行委員メンバーの存在なくしては成り立たない。

最近では横浜南陵高校社会福祉部の生徒たちも実行委員に加わり、5月のキックオフミーティングから11月の反省会まで継続的に関わっている。

実行委員会では、毎年テーマを決めるだけでも時間をかけて話し合う。「今年はあたたかさを分かち合うような言葉をいれたい」「ここがふるさと…と感じられるようなテーマはどうだろう」。ホワイトボードを何度も消しては書き直し、ときに次回持越しで話し合うこともある。こんなに時間をかける必要があるのだろうか…と思ったりもするが、こうした時間を共有してこそ、その年のキャンドルナイトへの思いが醸成され仲間意識が育まれていくのだと思う。震災のときは「絆」と

高校生からシニア世代までさまざまな立場の市民ボランティアスタッフで運営されているキャンドルナイト in 港南台

いう言葉を入れさせていただいた。高校生がメンバーになってからは「未来」につながる言葉が増えた。

ミーティングやワークショップ、その他の準備作業はもちろん、参加団体の学校や施設を訪問してたまごキャンドル作りのサポートをするなど、たくさんの時間と手間のかかるキャンドルナイト。だが、こうしたプロセスこそが市民主体のまちづくり活動の大切な要素なのである。

キャンドルナイトin港南台は、小箱サロンでの一言のつぶやきから始まった、もっともタウンカフェらしい活動である。

6 10年で培った地域団体との信頼関係

タウンカフェは構想段階から、まちのコーディネート機能を意識していた。そのためにチラシなどを配架する情報ラックを設置して、地域団体が情報発信できるようにしたり、ガリバーマップイベントや、まちの情報誌発行、こうなんだいe-townの運営などを計画的に実行してきた。

しかし、予想以上にさまざまな活動が市民発意で生まれてきた。地元のNGOやNPOとの連携で始まった港南台国際協力まつりや、キャンドルナイトin港南台、地域元気フォーラム、中学生レポート活動、港南台テント村でのオープンカフェなどが、市民のつぶやきや偶発的なきっかけからカタチになり育っていったのだ。

これらの活動は、いずれもタウンカフェ単体では行っておらず、連携団体の商店会やまちフォはもとより、地元の自治会町内会をはじめ、地域団体、学校、企業、行政等の協力、連携、そして協働のスタイルで運営がなされてきた。このことは、「まちのつながりづくり」を一つの狙いとして活動を始めたことからすると、とても大きな成果である。

一方で、自治会町内会や商店会など、いわゆる地縁組織と呼ばれる地域に根付いた団体のみなさんとの関係は良好ではあるが、同じ土俵で議論や意見交換ができる、いわば「対等な関係」を意識してきたかというとそうではない。たしかに活動を始めて2〜3年もすれば、さまざまな形でご協力いただいたりご支援をいただくことも増えてくる。しかし、まちや生活の地域自治機能を担っている地域団体と数年で対等に意見交換するなんてことはとんでもないと思っていたし、実際にはご協力やご支援をいただくばかりであったように思う。

また、タウンカフェは営利目的ではないが、株式会社での運営形態であり、自立した運営を行うために「事業」の形態が色濃く出る。当時はまだコミュニティカフェはおろか、コミュニティビジネスという手法でまちづくりを自立的に行うという概念も世の中に浸透していなかったため、なかなか理解もされていなかった。

ところが、7〜8年目頃から、関係性の変化をなんとなく感じることが多くなった。「10年を迎える頃には、きちんと向き合って本当の意味での対等な立場で意見交換したり連携できるのかな」とぼんやりと考えていたところ、期せずして10年目に、タウンカフェが主催していた港南台地域元気フォーラムを港南台連合自治会（以下「連合自治会」）から共催で行わないかとお誘いをいただいたのだった。小さな出来事かもしれないが、地域の18もの自治会が集まる連合自治会と、ちっぽけな組織であるタウンカフェが共催で行うというのは実に大きな意味合いを持っている。

ある日、連合自治会の副会長である大澤せき子さんから懇親会の席上でこんな言葉をいただいた。「斉藤さん、10年前のタウンカフェオープンミーティングの時に、こんなことやります、あんなことやりたい！って言ってたけど、本当に全部やったわよね。びっくりするわ。そんなことできっこないって

港南台地域元気フォーラム

思っていたから」。

こうして10年も前の想いやその時の発言を覚えていてくださり、さらには活動をしっかり見守ってもらっていたと思うと思わず涙がでそうになった。本当に嬉しくありがたいことである。

そして２０１８年秋。横浜市の介護予防・生活支援サービス補助事業（サービスＢ）として高齢者の介護予防プログラム「こもれびカフェ」事業をタウンカフェで始めることになった際、連合自治会はもちろん、地元の地区民生児童委員協議会、港南台社会福祉協議会、港南台シルバークラブ連合会など多くの団体が、説明会の時間をとってくださったり、チラシの配布をしてくださったりとさまざまなサポートをしていただいた。さらにはなんと地区社協の田中武彦会長や、港南区スポーツ推進委員連絡協議会の谷本吉年会長が「こもれびカフェ」の健康麻雀でほぼ毎回ゲスト講師としてボランティアで指導をしてくださるなど、サポートをいただくようになった。

「こもれびカフェ」プログラムの一つ、健康麻雀

このように一歩ずつではあるが、誠意をもって活動を続けることで、関係性が紡がれてきたのであろう。それは代表である僕自身の行動というよりは、多くのボランティアやスタッフ、イベントや編集のメンバーなどさまざまな立場の協力者やサポーターの献身的な働きや存在が大きいことを肌身をもって感じている。また同時にこうした活動にご理解くださり、受け止めていただいている地域の関係者の方にも深く感謝したい。

図2　港南台タウンカフェの活動・事業

2章

全国に広がるコミュニティカフェ

個性が光る7つの事例

イータウンでは、港南台タウンカフェの姉妹店となる新川崎タウンカフェ[*1]や、鹿島田DAYSコワーキングカフェ[*2]も運営している。

一方、2007年頃からは、コミュニティカフェやコミュニティビジネスの起業家や実践者向けの支援やサポートを行うようになった。視察研修や起業相談、セミナー、コンサルティングなどまちづくり応援事業を行い、「支援者」としての側面を持つようになり、多くのコミュニティカフェとの関係を培ってきた。

そこで、本章では、各地でさまざまなミッションを掲げ、地域ニーズや課題と向き合って運営している多様なコミュニティカフェを紹介しよう。

2005年タウンカフェ開設の頃には、横浜市内で2〜3件程度しかなかったコミュニティカフェだが、2017年の調査*3では、少なくとも65件もの常設スタイルのコミュニティカフェが確認できた。週1回などの非常設型のサロンなども含めると数え切れないほどの場が生まれたであろう。また横浜に限らず、全国各地で、さまざまな形態のコミュニティカフェが誕生し、ときに限界集落と呼べるような場にもコンビニ的な居場所が運営されている。それぞれの地域特性や、場の持つねらいは異なり、子育て世代から高齢者対象、地域づくりや商店街活性化など多種多様な目的でコミュニティカフェが生まれ運営されている。

僕もこれまで全国の百を超えるコミュニティカフェを訪問し、お話を伺って感じていたのだが、どのコミュニティカフェも高い志を持ちながらも実に自然体で楽しく地域と関わっており、さらには、お客様や利用者、地域のステークホルダーなどとの関係性を紡いでいくなかで柔軟に活動や事業を変化させながら運営している点

ハートフル・ポートでの刺繍カフェ

が興味深い。つまり場があり、そこで何か決めたことをするだけではなく、関わる人たちで未完成の空間を常に創り続けているとでも言えばよいのだろうか。そんな共創の公共空間とも言えるコミュニティカフェの事例を味わっていただきたい。

注

＊1 新川崎タウンカフェは2016年に、川崎市幸区で三井不動産レジデンシャル㈱との連携により開設された。

＊2 鹿島田DAYSは、エリアマネジメント組織「鹿島田デイズ」が運営する「つながる仕事場」をテーマとしたコワーキングカフェ。2018年11月に川崎市幸区に地元商店会や事業者などで設立・開設された。

＊3 横浜コミュニティカフェネットワークが、横浜市市民局との協働で行った「cafe型中間支援機能の創出・強化・普及事業」で実施したコミュニティカフェアンケート調査

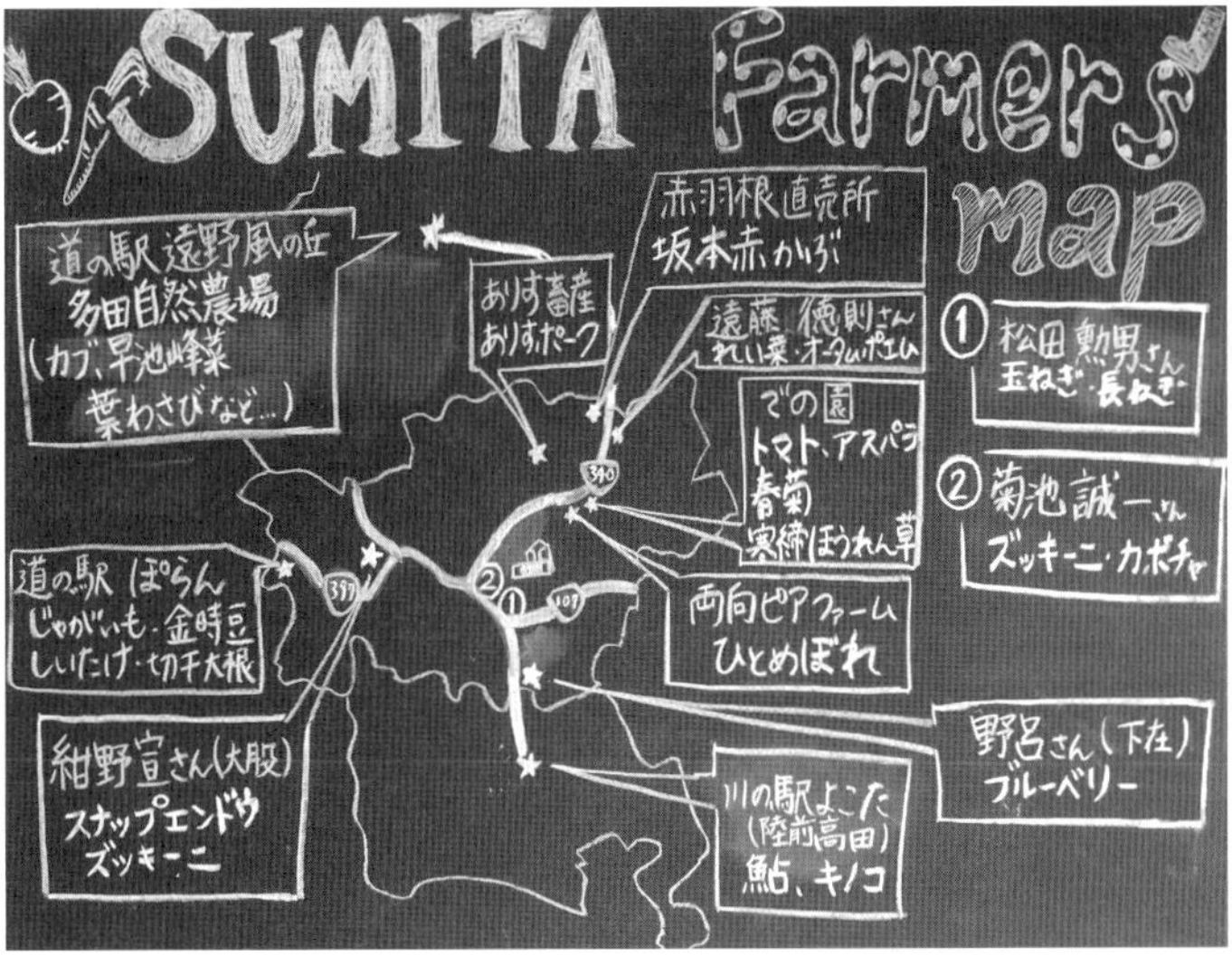

レストラン「kerasse」店内掲示ボード

1 子育てをまちでぷらすに

こまちカフェ（横浜市戸塚区）

天然木のフローリングにお洒落な木の机。ランチタイムにスプーンで「あーん」してもらう赤ちゃんとおしゃべりに華やぐママたち。人気の地場野菜を使った季節の野菜畑プレートは、三大アレルゲンフリーだから、誰もが一緒に食事を楽しめる。自然素材のおもちゃは、安心して遊ばせることができる。そして、夢中で遊ぶ子どもたちを、そっと見守ってくれるボランティアスタッフ。「こまちカフェ」にはいつも陽だまりのような心地良い時間が流れている。

再開発で開けた戸塚駅のターミナルから商店街を抜け、小さな通りに面したビルの2階に「こまちカフェ」はある。ここは単なる親子カフェではなく、ハンドメイド作家さんの作品を販売する「ｈａｃｏ＋（はこぷらす）」や、産後ヨガや家計セミナーなどの多彩なプログラムを行うイベントスペースも運営している。

さらに、子どもの発達に心配のある親たちの「でこぼこの会」、介護や子育てをする人の「ケアラーズカフェえんがわ」など、地域での学び合いの場を持っている。

親子で賑やかなランチタイムの風景

キッチンで笑顔輝くスタッフ

■立ち上げのきっかけ

「こまちカフェ」を運営する認定NPO法人「こまちぷらす」代表の森祐美子さんは、もともとは自動車メーカーで働き、地域には寝に帰るだけという生活をしていた。「12年前に育児をしていて、孤独感と孤立感が強かった。子育ての悩みを話したり、理解し合える人と出会いたくても、どうしていいか分からなかったですね」と当時を振り返る。

そんななか、戸塚区で子育て支援拠点の設置が決まり、森さんは市民委員に手を上げた。定例会議に参加して、地域社会で子育て当事者にも役割があることを知り、必要とされることに救われたという。そして、弊社主催のソーシャルビジネスセミナーへの参加をきっかけに、保土ケ谷区のコミュニティカフェの日替わりオーナーに挑戦することになった。そういった経験や縁が重なり、2012年2月にママ友たちと任意団体「こまちぷらす」を立ち上げ、同年3月にワンデーオーナーとして「こまちカフェ」をスタートした。

「こまちぷらす」の団体名には、「こ」育てを「まち」で「ぷらす」にし、社会を豊かにしたい、との意味が込められている。カフェには人が交流する「場の力」がある。そこで育児に孤立する親が必要な情報を受けとり、社会と交わり、新しい何かが生まれる。そんな居場所をつくりたいと森さんは一歩を踏み出したのだ。

同年夏には、戸塚区内の助産院の一角へ移転。その後、常設の居場所を確保するために紆余曲折を経て、2013年4月にとつか宿駅前商店会の再開発にともなう期間限定の仮店舗へ移動、同月にNPO法人格も取得。2014年に現在の店舗で運営を本格稼働させた。

■助成金をうまく活用する

物件を探していると、イメージどおりのものを見つけることができた。ちょうど横浜市の「ヨコハマ市民まち普請事業」の助成金を申請中で、1次審査は通っていたものの最終結果はまだ分からない状態。「賃貸借契約の印鑑を押すときは、さすがに手が震えました!」と今でこそ笑って話せる。その後2次審査を無事に通過し、助成金500万円を得て、思い描いていた木の温もりたっぷりの「こまちカフェ」オープンへとつながった。

そのほか、地域の居場所づくりと地域へ展開する実践事業として、日本財団から助成を受け、市民参加促進プログラムとしてトヨタ財団から、組織基盤強化事業としてよこはま夢ファンドからの助成も受け、組織強化と安定化に活用してきた。また、民間企業との共同事業では厚労省から母子保健分野で団体部門優秀賞を受賞した。こうした実績を積み重ねることや、商店会事務局を担うことで、地域での信頼も増し、さらなる好循環が生まれている。

■担い手になっていくプロセス

事業の担い手はどこから？の問いに、「カフェを開くのに調理のできる人がいなくて本当に困ってました。日替わりカフェを行っていたときに気に入ってくれたお客さまや、ママ友の伝手などで仲間を集めました」と森さんは笑う。

「子育てが一段落したので、何か社会の役に立ちたくて」という小谷さんは、ランチタイムの見守りボランティアをしている。先輩ママだけに、どんな場面でサポートして欲しいのかが手に取るように分かるという。きめ細やかな心配りや、絶妙なタイミングでのサポートが、現役ママたちの心のリフレッシュにつながる。ボランティアの小谷さんも、ママたちのリラックスした笑顔に充実感が持てる。相互作用の幸せな空間がそこには広がっている。

雑貨をきっかけに参加した守家文子さんは、はじめは地域課題やまちづくりへの関心はそれほどなかったという。こまちパートナー（ボランティア）登録会で、地域で孤立した人がこんなに多いものかと驚き、活動するなかでいろいろな仲間と出会い、見方もひろがり、昨年からはカフェの店

親子と笑顔で語る代表の森さん

長として運営を担っている。

今では、スタッフが43名、こまちパートナーが164名と大所帯になった。代表の森さんは、1人1人に活動の理念を伝えることに心を砕いている。毎月のミーティングでは、1カ月の活動を自ら制作した動画などで振り返り、ワークショップで気づきを共有している。

自身の経験から、子育てや介護中の人でも社会とつながれる、家庭と職場の中間的なあり方も模索してきた。関わりや責任の度合いに応じて、スタッフ、有償ボランティア、無償ボランティアという具合に入口を用意している。また丁寧に交流の機会をつくり、疎遠になっている人に声がけするなど、温かくコミュニティを育んでいる。

■次のステージへ成長し続ける

これからの夢を尋ねると無限に広がるという。親子の居場所をコミュニケーションだけでない次なるステージへとアイデアが湧いてきているようだ。さらに、SLOC（スモール・ローカル・オープン・コネクト）をキーワードに地域同士を結んでいくなど「世界の居場所とつながる」ことも視野に入れている。気持ちを同じくする仲間たちと進む、未来の「こまちカフェ」に期待がふくらむ。

■運営のポイント

◯こだわりのお店づくり

ハードのデザインはもちろん、アレルゲン対応のメニューなど徹底したこだわりと価値を高める工夫。

◯多様な関わりとステップアップ

ボランティアからリーダーまでさまざまな立場で関われる機能。パートナー交流会やミーティングでの丁寧な想いの共有や価値の共有、学び合いの機会が豊富。

◯自然体での地域との連携

地域のニーズとうまくマッチングして、商店会事務局や各種事業など必要な事業や連携がなされている。

◯自立した経営

意義や価値のあるサービス（飲食メニューなど）を適正価格で提供することでの経営安定化と、事業費以外の寄付や助成金、協賛金などの適正なバランスが取れている。

■ DATA

◯名称：こまちカフェ

◯運営：認定 NPO 法人こまちぷらす

◯所在地：横浜市戸塚区戸塚町 145-6 奈良ビル 2 階、TEL：045-443-6700

◯営業時間：月〜土；10 時〜 17 時（日・祝・第 2 月曜日定休）

◯開設：2014 年 5 月より現店舗（2012 年 3 月の営業開始）

◯主な事業：情報提供、居場所の運営（こまちカフェ）、不登校・子どもの障がい・ダブルケアをテーマにした会の定期開催、商店会事務局、まちの担い手を育てるつながりデザインプロジェクト、ウェルカムベビープロジェクト等官民住民連携プロジェクトの運営、提言啓発事業等

◯客席数：20 席（テーブル 16 席、カウンター 4 席）

◯ 1 日の来客数平均：28 名（乳幼児含む）

◯スタッフ：スタッフ 43 名、ボランティア 164 名

◯年間予算：約 3400 万円（2018 年度）

◯収入：カフェ事業 890 万円

◯支出：人件費 2160 万円、原材料費 214 万円、販売管理費 7 万円、家賃水光熱費 320 万円など

◯財源内訳：自主事業 54%、補助 / 助成金 13%、会費・寄付 24%

認定 NPO 法人こまちぷらす　https://comachiplus.org/

こまちカフェ　https://comachicafe.com/

ウェルカムベビープロジェクト　https://welcomebabyjapan.jp/

2 高齢者の見守り機能と市民参画

ふらっとステーション・ドリーム（横浜市戸塚区）

ＪＲ戸塚駅からバスで25分。高台に高層23棟が並ぶドリームハイツが見えてくる。交通の不便さから、陸の孤島とも言われたそのまちに、月に１４００人以上が利用する地域の居場所がある。安くて栄養豊富なランチが人気で、昼時はいつも大賑わい。ハンドメイド品などの小箱ショップや写真展などを行うギャラリー、健康プログラムも充実し、高齢化が進む住民の健康を支える交流の場にもなっている。

■まちづくりの歴史

ドリームハイツは、１９７０年代の高度成長期に建設され、ピーク時は２３００世帯、人口８千人を超えた。子どもがあふれて通う幼稚園がないなか、住民が自ら幼稚園、保育園や学童保育、障がいのある子どもたちの放課後等デイサービスなど、必要なものをそのつど立ち上げていった。80年代からは高齢者向けの食事サービスや訪問介護、生活支援などを行う団体が発足。介護予防にも取り組んだ。国の介護保険制度が始まる前から、ここでは自主的な介護福祉サービスを始めている。その住民力に、ただただ驚かされる。

いつも笑顔のボランティアメンバー

■ふらっと立ち寄れる居場所づくり

こうして住民主体のまちづくりが行われる一方、高齢者の一人暮らし、認知症、孤独死の問題は深刻だった。地域の誰もが生き生きと心豊かに過ごすための居場所が必要と3つの福祉団体[*1]がネットワークを組む。2005年、空き店舗を借りて『ふらっとステーション・ドリーム』を開設した。飲食できる場にすることで、誰もがふらりと立ち寄れる居場所を目指した。

立ち上げ時、3団体の理事6名が100万円ずつ拠出したことからも居場所づくりへの覚悟が伝わってくる。名前の「ふらっと」には、いつでも誰もが入りやすい、建物がバリアフリーである、人間の関係性がフラットであるという、3つの願いが込められている。

2年後の2007年、NPO法人化。この年、団地内の活動から地域連携のエリアを近隣の自治会や小学校区に広げ、深谷《ふかや》台《だい》地域運営協議会を発足させた。NPO法人ふらっとステーション・ドリームの理事長松本和子さんは、こう語る。「この地域は住民が力を合わせて必要なものを作り、自然につながっていきました。

一つの団体でできないことも、協議会なら解決できることがある。良い連携ができていることは自慢ですね」。現在は5つのNPO法人を含む14団体が所属する。

協議会全体でアンケートを取るなどしてニーズを探り、地域ぐるみで解決を目指す。そのアンケートの回収率は95％。当時、住民が顔を合わせれば「アンケート出した？」が合言葉のようだったというからすごい。このエリアで14団体とは驚くべき数字で、市民活動、地域連携のモデルケースとして、全国から行政関係者や市民団体が見学に訪れている。

■元気の源、日替わりランチ

ここの魅力は、何と言っても日替わりランチ。毎日通う住民も多い。高齢の男性客も多く見受けられる。常連さんは丸いテーブルを囲み、おしゃべりに花が咲く。ご飯に味噌汁、おかずが3〜4皿。採れたての野菜が近所から届くと、おかずが一品増えることもある。「調理する人がたくさんいるから味もいろいろ。毎日食べても全然飽きませんよ。ここのランチで元気になりました」と90歳近い女性が笑顔で教えてくれた。

ランチの調理も行うメンバーは、28名。1日に7〜8人がキッチンに入る。はつらつと働き、楽しそうだ。開設当時から1時間当たり250円の有償ボランティアというが、人数が減ってしまうことはないのだろうか？松本さんは、こう答えた。「もっと少人数にして時給を高くする考え方もありますが、ここでは多くの方に活躍の場を提供したいと考えています。生き甲斐でもあり、社会参加の場としての役割もあるんです」。その言葉どおり、14年間続けているスタッフが多いという。「でも、これからは若い世代の方にも仲間に入ってもらいたい。そのためには少しでも時給を上げることを考えなければならないと思います」。こうしたスタッフの高齢化、世代交代の問題は、多くのコミュニティカフェが抱える共通の課題であろう。

■健康づくりプログラム

ここでは、アンケートをもとに新たな事業を検討する。最初に行ったアンケートで、住民の関心がもっとも強かったのは「見守り」だった。２０１８年から横浜市介護予防・生活支援サービス補助事業（サービスＢ）を実施。健康体操、歌、折り紙などの健康プログラムを行っている。また、官民の助成金[*2]も活用し、看護師による「まちの保健室」を開始。エーザイ㈱と共催で、認知症対策などにも取り組んでいる。心の病の方、ひきこもりの方がホッとできる居場所「ぽぽら」は、２０１４年から始めている。当初は反対の声もあり、心の病を理解するための勉強会を続けている。

栄養バランスのとれたランチは高齢者にも人気

こうした取り組みにより、２０１８年度のサロン利用者は1万7千人を超えた。同年12月のデー

サービスBの健康体操の様子

タで、ドリームハイツの高齢化率は52・7%。「でも、元気な高齢者が多いです。介護認定率は、他地域より低いと聞いています」。

■新たな拠点づくりへ

いまや高齢化、世代交代は、どの市民団体も抱える問題。とくにここ2、3年多く聞かれるようになった。そんななか、希望をもたらしたのは地域連携である。地域運営協議会は小学校区での運営のため、子育て世代と活動をともにする。そこに出会いも生まれる。若手の力を借り、2018年冬から、カラー刷りの季刊紙「ふらっと通信」の発行を始めた。

「地域って、いいですね」松本さんがふっとつぶやいた一言に、45年続けてきた重みを感じた。

常に利用者の声に耳を傾け、集まる人の輪を広げ、より居心地の良い交流の場を目指し続ける。住民エネルギーが詰まった地域の居場所である。

注

＊1　『ふれあいドリーム』（訪問介護、ふれあい事業）、『いこいの家　夢みん』（多世代交流サロン・生活支援）、『地域給食の会』（食事サービス）

＊2　公益財団法人 笹川保健財団（地域保健）の助成金と、戸塚区社協ふれあい助成金

■**運営のポイント**

◯**徒歩圏内のあったかい居場所機能**

「あら、今日は早いわね。さぁこっちのテーブルよ」。そんな日常がある風景を醸し出すスタッフや常連さんたちの受け止め機能。

◯**14年ボランティア運営が続く担い手**

28名の有償ボランティアの多くは開設時から長年活動を続けている。とにかく楽しい。この場で生きがいを感じるとの声が多く担い手にとっての居場所機能ともなっている。

◯**補助金に頼らない自立的な運営**

都市部の限界集落と呼ばれる高齢化率50%超の地域でありながら、食堂の売上を中心に自立的な経営ができている。

◯**複層的な地域ネットワーキング**

地域の14団体との連携や協力関係に加えて、学校や行政なども加わったエリアマネジメント組織も含めた複合的な関係を丁寧に築いておりその中核を担っている。

■ DATA

◯名称：ふらっとステーション・ドリーム

◯運営：指定NPO法人ふらっとステーション・ドリーム

◯所在地：横浜市戸塚区深谷町1411-5、TEL：045-307-3558

◯営業時間：月～土；10時～17時、日；12時～17時

◯開設：2005年12月

◯主な事業：サロン：ランチ・喫茶の提供、横浜市介護予防・日常生活支援総合事業（ランチ交流と健康づくりプログラム）、マイショップ、文化交流（ミニコンサート、琴、ジャズ、オペラなど）、ギャラリー、ぽぽら（心の病の人たちの居場所つくり）、まちの保健室（毎週、看護師による相談事業）

◯客席数：33席（テーブル8席）

◯1日の来客数平均：52名

◯スタッフ：有償スタッフ0名、有償ボランティア28名

◯年間予算：約1100万円（2018年度）

◯収入：カフェ事業700万円、サービスB 180万円など

◯支出：人件費330万円、原材料費250万円、販売管理費200万円、家賃水光熱費300万円など

◯財源内訳：自主事業76%、補助/助成金22%、会費・寄付2%

http://furatto-std.sakura.ne.jp/

3 空き家がまちの縁側に

ジュピのえんがわ（横浜市金沢区）

横浜市金沢区富岡東地区。国道16号線から細い急坂を下り2分ほど歩くと、そこだけ昭和初期にタイムスリップしたかのような一軒家が建っている。

子どもたちを見守ってきた駄菓子屋さんを発展させ、世代を超えた交流ができるサロンになった。縁側でのんびりくつろげる茶の間サロンに留まらず、ハロウィンや地元中学生とのコラボ企画など若い世代を迎えてのイベントも増えている。

■駄菓子さんから茶の間サロンへ

代表の高橋秀子さんがこの地域に越して来たのは16年ほど前。自宅の車庫を改装して駄菓子屋を開いた。それ以前はこどもログハウスのスタッフ、青少年指導員なども経験するなかで、子どもと地域との関わりが気になっていたという。

「子どもたちを地域で温かく見守ってもらうには、顔の見える関係が必要。高齢者も同じですよね。世代を超えて気軽に集える居場所『ジュピのえんがわ』構想が、頭の中にできあがっていました」。

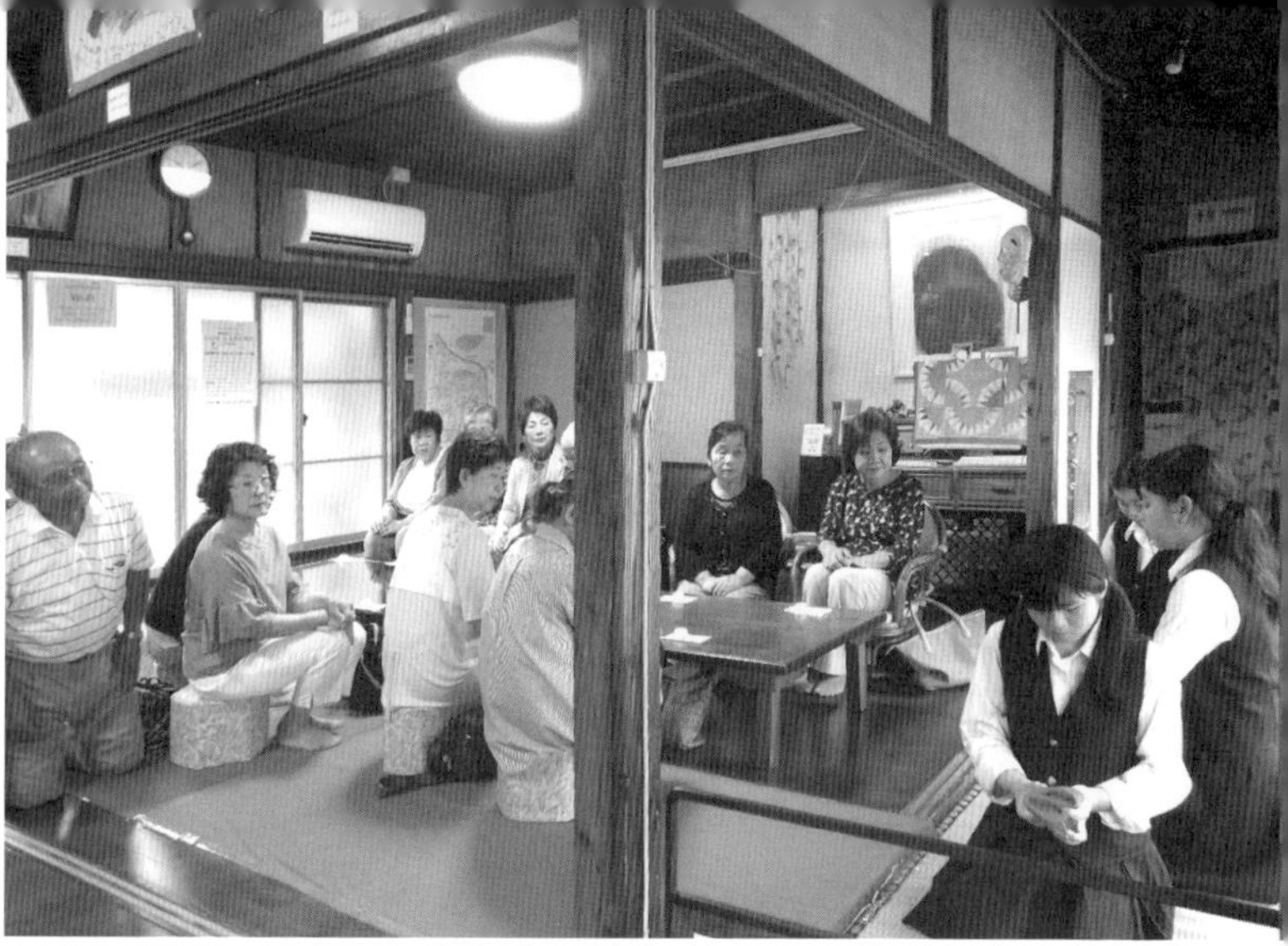

中学生の茶道部のみなさんとの交流のひととき

事務局長を務める西田克也さんは、立ち上げ前にその熱い想いを相談された1人。高橋さんとは、犬の散歩仲間だった。「自宅を開放してでもサロンをやりたいという、高橋さんの熱意に圧倒されました。でも、やるならある程度リスクを背負って、ちゃんとした形でやったほうが良いと思いましたね」。一緒に区役所へ相談に。近くに空き家が見つかると、家賃の交渉にも同行した。

2016年3月、高橋さん夫妻、西田さん夫妻と地域活動の仲間2名の計6人で『ジュピのえんがわ』を立ち上げた。区の「茶の間支援事業」助成金を活用して、築60〜70年の古民家を改装。大がかりな補強工事も行ったが、縁側だけは昔のまま残した。中に入るとなんとも懐かしい、田舎のおばあちゃん家のような趣がある。知り合いに声をかけてボランティアスタッフを募り、週6日のサロンを始めた。

■駄菓子コーナーからつながりが生まれる

ここの魅力は、サロンに併設して駄菓子コーナーがあることだろう。玄関の暖簾をくぐると、縦長の土間のようなスペースに昔ながらの駄菓子やおもちゃがずらり。160種類ほどあるそうで、大人も懐かしさに思わず手が伸びる。

おごり、貸し借りは禁止、携帯やスマホゲームも禁止。サロンも同様だ。「携帯を使うお父さんも、注意しますよ。ここでは子どもと遊んでもらいたいですからね」。子どもは近隣の4つの小学校エリアから、自転車に乗ってでもやってくる。

近所に住むスタッフは「家に1人でいるより、子どもたちと話しているほう

ハツラツと楽しそうに活動の様子を語る代表の高橋さん（右）と事務局長の西田さん（左）

駄菓子を見る子どもたちに語りかける高橋さん

がずっと楽しい。外でも、「ジュピのおばちゃん！」と声をかけてくれて、嬉しいですね。顔見知りがずいぶん増えました」。

現在20名いるスタッフは完全にボランティアだ。それでシフトが埋まり、スムーズな運営ができるのだろうか。「ここではみんな自分たちが楽しみたいと思ってやっていますね。シフトの枠は自然に埋まります」と答える高橋さんをはじめ、のんびりしたスタッフの雰囲気が、ここの居心地を良くしているようだ。

■３００円の施設運営協力金

ランチがメインのコミュニティカフェが多いが、「うちは、駄菓子コーナーとサロンの居場所がメイン。ランチはやりません」と高橋さんは言い切る。持ち込みは自由で、サロン利用１回ごとに施設運営協力金３００円。お礼に、豆から挽いたコーヒーまたは紅茶が出る。毎週月曜日はランチの代わりとしてパンを買うこともでき、３００円で一日中いられる。週1回のパソコン教室や月1回の眉カットなどは無料で受けられる。

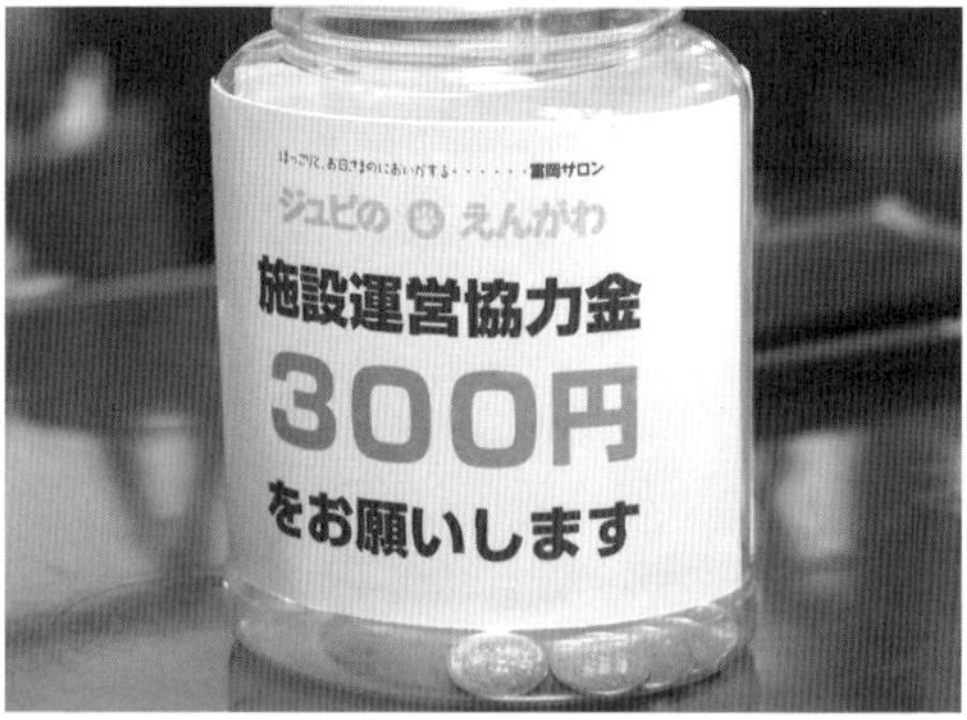

協力金を入れるビン

３００円という金額設定は、こうしたサロンではある意味思い切った数字だが、迷いはなかったのだろうか。高橋さんも西田さんも「それは迷いました」と口を揃えた。「区役所にも相談して決め

古民家を改装してステキな居場所に

ました。これが頼みの綱ですから、この設定で良かったと思います」。実際、運営費の20％近くがこの運営費カンパで占められているから、50円や１００円の利用料ではここまで運営は安定しなかったであろう。

■しっかりとした組織力と運営形態

立ち上げに際しては、連合自治会長、地区社協、民生委員の方々に協力を仰いで運営委員会を設立。現在も毎月集まって、主に活動報告を行う。これは驚くべきことで、形式的に年数回程度開催のところも多い。

さらに、賛助会員として15の団体と個人を合わせると約百人もの地域の方が登録し、運営を支えている。カラー刷りの『えんがわ通信』は、毎月約１３００部を印刷。みんなで手分けして、まず賛助会員全員にポスティングしたのち、地域への配布を丁寧に行っている。

通信の編集会議は月に１度行い、その場でイベントの企画も考えるという仕組みをつくっている。ボランティアスタッフ全員が集まるミーティングも月１回開催。顔を合わせることを大切にす

■運営のポイント

◯柔軟な運営組織のスタイル

犬のお散歩仲間としての出会いから居場所づくりにいたる共感度の高さと、リーダーの想いとそれを支える番頭さん役の事務局西田さんの絶妙な役割分業。

◯主体性を育むボランティア

20名ものボランティアが継続して続く秘訣は一緒に考える月1回の定例スタッフミーティングや企画会議。みんなで考える！スタイル。補助金に頼らない自立した運営。

◯地域との絶妙な関係づくり

町内会やお店、シニアクラブ、公共機関などと毎月開催される運営委員会や100名もの賛助会員（サポーター）で地域の濃い絆ができあがっている。

◯自然体の多世代交流

駄菓子屋の存在も大きいのだろうが、若いママさんたちの受け止めや連携事業、シニアボランティアまで幅広い関係づくりが気がつくと実現できている自然なスタイル。

■ DATA

◯富岡サロン「ジュピのえんがわ」

◯運営：ジュピのえんがわ運営委員会

◯所在地：横浜市金沢区富岡東3丁目14-47、TEL：045-294-2947

◯営業時間：月〜日；11時〜16時（毎週土曜日定休）

◯開設：2016年3月

◯主な事業：サロン運営、イベント開催、駄菓子販売（駄菓子コーナーとして子どもたちがここでお金の使い方を学ぶ場所）

◯客席数：ケースによるが通常サロンでは最大20名から30名ぐらいの方が座れる

◯1日の来客数平均：20名

◯スタッフ：ボランティア25名

◯年間予算：約350万円（2018年度）

◯収入：賛助会費24万円（会員数106名）、施設運営協力金57万円、売上250万円、手作りその他20万円

◯支出：仕入れ・原材料費200万円、販売管理費50万円、家賃水光熱費97万円、イベント9万円

◯財源内訳：自主事業65%、補助/助成金25%、会費・寄付10%

ジュピのえんがわは喫茶店ではないので、施設運営協力金300円の寄付をしてお礼としてコーヒーが提供されるシステム。

http://jupino-engawa.com

るという、強い信念を感じた。

このように一本筋の通った、堅固な組織力と運営体制こそが各方面から信頼を得ているゆえんだろう。オープン2年目から、区の「つながりステーション事業」に仲間入りした。

■イベントを通して広がる多世代交流の輪

オープンから3年半が過ぎ、持ち込み企画も着実に増えている。富岡中学校茶道部とのコラボ「えんがわdeお茶会」は回を重ね7回に。若いママさんが運営する「ヨコハマママナビ」企画のハロウィンイベント「ベビーアートドリームカフェ」など、多様な世代との交流がどんどん増えている。

かつて高橋さんの駄菓子屋に通っていた20代の若者たちも、懐かしさにえんがわを訪れる。「子どもたちが会いに来てくれる、それが何よりの楽しみですね」。気がつけば、いつの間にか自然な形で多世代交流が実現している。独自のやり方を貫き、自分たちが楽しむ。ゆったりとした組織の包容力が多くの仲間を引き寄せている。

4 古民家を活用した官民協働まちづくり拠点

まち家世田米駅（岩手県住田町）

■魅力的なふるさとづくりへ

豊かな水と緑のまち住田町。岩手県の南部、大船渡市と陸前高田市に隣接する住田町の中心区域に「まち家世田米《せたまい》駅」[*1]はある。コミュニティカフェ「ＳＵＭＩｃａｆｅ」を含め、交流スペース、レストラン「ｋｅｒａｓｓｅ」、町家体験スペース、おもてなしスペース、蔵ギャラリー等からなるこの施設は公設民営の住民交流拠点である。

かつて養蚕の仲買など手広く事業をしていた大きな町家を保存改修した施設は、まちの歴史と伝統を感じさせる魅力的な佇まいだ。

運営しているのは一般社団法人「ＳＵＭＩＣＡ」。その代表の村上健也さんは、東京のデザイン系の会社で働いていたが、２００６年、28歳の頃、ふるさと住田町に戻ってきた。田舎と都会の格差に驚きながらも田舎にはお金では計れない良さがあると思った。

デザインの仕事と実家の塗装業を生業としながら、地域の活動にも関わり始めた頃、Kesen Rock Festival の運営に携わるようになり、後に代表となる。数千万円規模の大イベントを毎年行

誰もが自由にくつろげるSUMIcafe

っていくなかで、まちへの思いが募っていったという。その後「ＳＵＭＩＣＡ」という団体を立ち上げ、震災後のつながりづくりやまちづくりにも取り組んだ。

築１５０年の町家を住田町役場が買い取って地域交流施設にする…という計画を知ったとき、小さい頃から慣れ親しんだ家だったこともあってワクワクしたという。有識者やまちの有志が集まるワークチームに加わり一緒に構想を考えた。「住田町は林業が盛んな町だ。また町は食育に力を入れている。そしてKesen Rock Festivalに集まる音楽好きな人たちがいる。新しいまちの拠点は、木・食・音をキーワードとする多角的な交流の場にしよう」。こうして公民館的機能を持つ公立の施設の中に収益事業を行うレストランがあるという新しいタイプの交流拠点が２０１６年に実現したのだ。

運営は指定管理制とし、町内で公募。まちおこしで実績のある「ＳＵＭＩＣＡ」が選ばれ、４年目となる。

■地域を超えたつながりを生み出す

ＳＵＭＩＣＡのメンバーは、30代から50代。林業を営む事業者や地域おこし協力隊を機に住田町の住民になった若者など、バックボーンもさまざま。メンバーはその持ち味を活かして生き生きと運営に取り組んでいる。

まち家世田米駅の公民館的機能を持つ公共スペースは、お教室や趣味のサークルが予約して使用する場合は有料だが、ふらっと訪れて打ち合わせをしたりおしゃべりなどをして過ごすのは自由だ。広い入り口を入ってすぐのスペース「ＳＵＭＩｃａｆｅ」ではセルフサービスでお茶やコーヒーが飲める。木工作家手作りのからくり集金箱にお金を入れて飲む…という楽しい仕組みになっている。新聞を読みに来る人、仕事の合間のコーヒータイムに利用する人、待ち合わせに使う人など、まちの人たちが気軽に出入りする。また、Ｗｉ－Ｆｉ環境も整っているので、ノマドワーカーのコワーキングスペースとしても利用されているという。

「でも、放課後の時間は小学生たちでいっぱいですよ」と村上さんは笑う。子ども向けの本やフラフープ、ボール等もそろえ、一角には駄菓子コーナーもある。ここは、まちの子どもたちにとっても貴重な居場所・遊び場になっているようだ。大人たちの仕事のためにと用意したＷｉ－Ｆｉは子どもたちのゲームにもおおいに利用されているらしい。

地元の農産物をふんだんに使ったランチ

レストランはペレットストーブのある落ち着いた雰囲気のフロアとテラス席からなる。地元食材にこだわったイタリアンと和食のメニューは若い人にも高齢者にも人気だ。利用するのは地元の人と町外の人が半々くらい。遠方から30分や1時間かけて足を運ぶお客様も多いことに驚く。昼どきはお友達同士や家族連れで賑わっているが、来客があった時や結婚記念日など、ちょっと特別な日に利用する場にもなっているという。プロポーズの場として使わせて欲しい…という要望に応えてテラス席を貸し切りにしたこともあったそうだ。

食材のコラボ企画や地元の日本酒やワインを楽しむ会、演奏会、アートギャラリー、農業体験教室、日曜日を活用したレンタルキッチン…まち家世田米駅では興味をそそるイベントや取り組みがたくさん行われている。とくに周年行事として開催するマルシェは、さまざまな人たちが食品や工芸品などの店を出す。町役場から借りた蔵をモチーフにした杉屋台が並ぶと統一感があって美しい。それぞれの事業は、地元の人だけでなく気仙地区[*2]やもっと遠くからの来訪者も多く、おおいに賑わっているようだ。

運営にあたってSUMICAのメンバーが大事にしているのは「つなげる」こと。地元の人と外の人、料理人と生産者、海のものと山のもの、高齢者と若者や子どもたち、これまでの歴史と未来…全部の中心となってつなげていきたいという。

■まちに賑わいがもどった

取材したのは、その夜に「いわてワインまつりwith東京オーブン」が開催されるという日だった。「東京オーブン」が調理する地元食材を味わいながら、岩手のワイナリーや清流若鶏の生産者の話も聞けるという。参加者同士をつなげるというよりは、それぞれのイベントを開催するなかで町内外のいろいろな立場の人たちが理解し合い協力し合うことでつながりが広がっている。

インターンの学生が考え子どもたちと一緒に実施した企画で、まちの高齢者に子どもの頃の遊びを聞

大勢の人で賑わうマルシェは地元の特産品が魅力

く機会を持ったときは、高齢のみなさんが手作りの竹馬や竹とんぼを持ってきてその技を披露してくれ、おおいに盛り上がったという。テラスの花壇は農家の方が手入れを買ってでてくれ、今は他の仲間も加わりレストランｋｅｒａｓｓｅで使う野菜を育ててくれている。町家に似合うと、自宅の柿を持って来てくれ、町内の子どもたちと干し柿を作ってくれた人もいる。そんな町の人たちとのほのぼのとした関わりから、日本全国を股にかけ住田町の魅力をアピールし関係性を築いていくダイナミックな取り組みまで、幅広い活動が日々展開している。

「まちに賑わいが生まれた」「自慢できる場所ができた」と地域の人たちからも喜ばれている。その昔、内陸と沿岸を結ぶ交通要所として賑わった宿場町が活気を取り戻し、いいものがギュッと詰まった質の良い「住みたいまち」に生まれ変わろうとしているようだ。「其につけても世田米は感じの好い町であった」。川沿いの石碑に柳田國男のそんな言葉が刻まれていた。

注

＊1　世田米駅：この地域の地名であり、駅があるわけでも昔鉄道が通っていたわけでもない。

＊2　気仙地区：大船渡市・陸前高田市・住田町を気仙地区という。

■**運営のポイント**

○**行政との関係づくり**

地道な地域活動やイベントを継続することで、地域や行政との信頼関係の構築ができてきた。

○**ダブルワーク**

家業である塗装業と代表理事の業務。SUMICAとしてはまち家世田米駅運営以外の自主事業の運営業務を兼ねることで採算性の確保を行っている。

○**小さな町での広い視野**

規模拡大ではなく、質の高いまちづくりを目指すこと＋近隣市町村との関係づくりができ、ネットワークづくりができている。

■ DATA

○名称：まち家世田米駅

○運営：一般社団法人SUMICA

○所在地：岩手県気仙郡住田町世田米字世田米駅13、TEL：0192-22-7808

○営業時間：9時〜22時（水曜定休）＊レストラン営業時間は別途

○開設：2016年4月

○主な事業：SUMIcafe（コミュニティカフェ）、すみたのだいどころkerasse（レストラン・オープンテラス）、交流スペース、蔵ギャラリー

○客席数：46席（テーブル40席、カウンター6席）

○1日の来客数平均：90名

○スタッフ：有償スタッフ（副代表理事1名）、ボランティア0名（レストランは含まず）

○年間予算：約3350万円（2018年度）

○収入：カフェ事業150万円、委託事業700万円など

○支出：人件費1300万円、原材料費1000万円、販売管理費500万円、家賃水光熱費400万円など

○財源内訳：自主事業79%、補助・助成金21%、会費・寄付0%

http://machiya-sumita.iwate.jp/guide/

5 住み開きカフェが地域をつなげる

ハートフル・ポート（横浜市旭区）

相鉄線希望ヶ丘駅から徒歩10分、表通りから路地を入った住宅街の中の一軒家。玄関周りに咲く季節の花と、木の温もりのある看板が迎えてくれる。

自宅の1階部分を開放して営業する「住み開きカフェ」。お客様のうち約8割が近隣の住民で、赤ちゃんから高齢者まで、店内はいつも賑わっている。誰もが気軽に立ち寄れる憩いの場は、「地域になくてはならない場所」となり、ここで出逢った人同士、新たなつながりも生まれている。

■洗練された空間でお洒落なランチを

店内は明るい色調に統一され、センスの良さが伝わってくる。図書コーナーには、絵本や大人向けの本が素敵に並ぶ。ここに来るたびに驚くのは、不思議なほど生活感がないことだ。一枚板のカウンターと大小のテーブルがほど良く配置され、1人でも大人数でもごく自然に過ごせるよう工夫されている。

職人肌のシェフが作るランチメニューは8種類。エビのパスタソースは、3時間煮詰めて作る本格派だ。「10時にシェフが来る前に、パンの仕込みやシフォンケーキを準備できるのは、自宅ならで

ときおり開催される音楽会などはいつも満席で賑やかな雰囲気

はですね」と店主の五味真紀さんは笑う。

■立ち上げたきっかけ

五味さんが、この家でご主人の両親と同居を始めたのは約20年前。自宅で親子の読み聞かせの会を開き、ＰＴＡや自治会活動に参加するなど、地域でのコミュニティをつくり上げてきた。２０１１年に義母が他界し、人生の後半をどのように生きるかを考えるようになった。「自分探しをしたくてアフリカにまで行き、まったく違う世界も観てきました」。

子育てや介護の経験から、地域の人がほっとできるカフェをつくりたいと心に決めた五味さんと、弊社主催のソーシャルビジネス起業家セミナーで出会ったのは、その頃だ。夢リストを一気に１００個書き上げた彼女に、「最初から一気に取り組むのは無理でしょう」

と話したのを憶えている。あれから6年、その夢のほとんどを実現させていることに、驚きを隠せない。

住み開きをするとなると、ご近所や地域の理解が必要となる。五味さんの背中を押した決め手は何だったのか？「自宅の屋上から希望が丘のまちを見渡し、ここで生きていくと覚悟を決めました。PTAや地区社協、消費生活推進員などで活動をともにした仲間に相談すると、一緒にやろうと言ってくれたんです」。

義母の部屋だった和室と外構をダイナミックにリフォーム。料理が得意な仲間も加わり、2014年6月、5人で「ハートフル・ポート」をオープンさせた。

■住み開きというカフェのあり方

「自宅だけど、おうちじゃない。でも、あったかくて居心地が良い。スタッフやお客様と家族のような関わりもできる」。五味さんは住み開きの魅力をこう語る。

近くに住む若いママさんは、「ここは、安心して息抜きできる場所。授乳中はバランスの良い食事で助けられました。子ども

グラタンソースもすべて手作りのこだわり

の成長を見守ってくださる、なくてはならない場所です」と、赤ちゃんをのびのびと遊ばせていた。

現在は、カラオケ教室や哲学カフェ、「みなとの茶店」（認知症カフェ）など、月に10日ほどイベントを開催している。お茶していると、お客様のギターの生演奏が始まることも。「お客様と話すうち、こんなことがあるけどやってみない？と誘うこともあります。それができるのは、人をつなぐ『場』がここにあるから。自分のやりたいことが、いろんな人の夢につながっていく喜びがありますね」。

五味さんに接客で心がけていることを伺うと、「ここでは、常連さんより初めてのお客様を優先して声がけします。そして、常連さんにつなげますね」。さりげなく話を引き出す名人。こうして、人がつながっていく。

住み開きは、カフェとは限らない。五味さんは、

自宅とは思えないステキなエントランス

熊本で暮らすお母様が震災後に気力を失った時、実家での「おしゃべり会」を発案し準備を整えた。すぐに30人以上が集まり、実家では手狭に。お母様は元気を取り戻し、近所の空き家を借りて月3回のペースで続けている。「これも住み開き。新しい親孝行の形だと思います」。

■5年の節目

オープンから5年が過ぎ、利用者は1万9千人を超えた。一つの節目だと五味さんは言う。「やりたいこと、やりたい人が集まるようになり、新しい流れが生まれています」。スタッフと面談し、関わり方や運営の仕方の検討も進めている。

五味さんの姿を見て、近所も含めて住み開きカフェを始めた人が何人もいる。求められれば、アドバイスもしてきた。「いろんなタイプのカフェが増えれば、まち全体が活気づく。面白いことが次々起こ

ごく自然にお客様同士をつなげる日常

■運営のポイント

◯居心地の良い場のこしらえ方

初めての方も過ごしやすくなるよう、適度なアプローチを行い、状況により常連さんとつなぎ、関係の糸口を見いだす気働きのセンス。

◯自宅とカフェのメリハリ

公私混同しすぎないように気持ちの切り替えや、食材や備品など曖昧にせず、適度に緊張感を持つことで、自宅の空気感を店内に持ち込まないような心がけ。

◯オーナー自身にとっての最高の居場所

五味さん自身が居心地良く、とにかくずっといたくなる空間。カフェをやめたとしてもアトリエや書斎などに使いたくなるような場づくり。

◯適度なおせっかい機能

小さなカフェで住民（お客様）との小さな関係づくりから始まり、しだいに地域とつながり、まちづくりに変容していく、究極のまちづくりプロデューサー機能を担っている。

■ DATA

◯名称：Cafe ハートフル・ポート

◯運営：五味真紀（個人事業主）

◯所在地：横浜市旭区南希望が丘 58、TEL：045-777-8159

◯営業時間：月・火・木・金；10 時～ 17 時（ランチ 11 時 30 分～ 14 時 30 分）

◯開設：2014 年 6 月

◯主な事業：カフェ事業、多世代交流イベント、認知所カフェ・ひとり親サロン、相談業務

◯客席数：24 席（テーブル 20 席、カウンター 4 席）

◯1 日の来客数平均：約 20 名

◯スタッフ：専任スタッフ 1 名、スタッフ 1 名、有償ボランティア 3 名

◯年間予算：約 430 万円（2018 年度）

◯収入：カフェ事業 360 万円、その他 70 万円

◯支出：人件費 170 万円、原材料費 105 万円、販売管理費 24 万円、家賃水光熱費 16 万円など

◯財源内訳：自主事業 100%、補助 / 助成金 0%、会費・寄付 0%

http://www.heartful-port.jp/

ります」。

今後は、より地域に密着しつつ、団体としての公益性を高めるため、ＮＰＯ法人化も念頭に事業化の準備を始めている。「カフェを丸ごと貸し出すシェアカフェ、離れて暮らす親の住み開き支援など、やりたいことはいっぱいあります」。個人事業者から地域のまちづくり団体へ、ギアを入れ替える。

住み開きについて、五味さんはあらためてこう話す。「ここは自分や家族にとっても居心地の良い、最高の場所なんです。カフェへの投資ではなく、自分の人生設計の一部と思えば、気楽にスタートできるのではないでしょうか」。

希望ヶ丘は、若い世代が増えているという。地域の中にいろいろな住み開きが生まれ、連携し助け合って輪が広がっていく。新しい形のまちづくりが生まれている。

6 庭のカフェがみんなの居場所に

みやの森カフェ（富山県砺波市）

富山県西部、散居村として知られる砺波《となみ》平野。そののどかな山あいの一軒の家の庭に小さなカフェがある。

最寄り駅からは車で約15分。コミュニティバスは1日2便と不便な立地ながらカフェはいつも賑わっている。

「どなたでも気軽に立ち寄れるカフェです。ほっとしたいとき、誰かとおしゃべりしたいとき、どうぞいらしてください」。温かい雰囲気の居場所はその言葉どおり誰もが集えるのだが、とくに不登校やニート、発達障害などの当事者やその家族にとってかけがえのない場となっている。

■みやの森カフェの多彩な事業

ここでは、ランチやスイーツなどが楽しめるいわゆる通常のカフェ「ふだんカフェ」を週3日開いている。ほかにも、介護に関わっている方を対象とした「介護おしゃべりカフェ」や、認知症などの相談ができる「ほっとなみカフェ」（砺波市との協働事業）、「キッズカフェ」やスイーツ付き相談会など、「親、子ども、若者向けのプログラム」等々を行っている。

のどかな田園エリアにあるみやの森カフェ外観

また、ふだんのカフェでも、介護や子育ての相談を受けることが多い。

■立ち上げのきっかけ

みやの森カフェを運営するのは、「一般社団法人Ｐｏｎｔｅとやま」。聾学校や養護学校などで教員を務めた水野さんと、家主でもある加藤さんで立ち上げた。おふたりは、数年前に出会い意気投合し、発達障害児支援を行う任意団体「発達でこぼこネットワーク」を結成。子どもたちのワークショップなどの活動を行ってきた。

加藤さんは17回の引っ越しの末、26年前に富山県に転居。国語教師の経験を活かして、富山ＹＭＣＡのフリースクールで講師として不登校や高校中退の若者たちと長く向き合ってきた。そして、夫婦の終の棲家として砺波平野に家を建て、父親と同居を始めたおり、自宅の庭にカフェを建てた。「失敗したら、自宅の離れにすればいい」と考えたという。

なぜこんな辺鄙な立地でコミュニティカフェを始めようと思ったのか。加藤さんはこう語る。「この地域は富山型デイサービス[*1]や、住民が自分たちで誘致した在宅診療専門の『ものがたり診療所』があります。そこにコミュニティカフェがあればどうなるかと実験したいという気持ちもありました。」

ケアラーズカフェとして始めたみやの森カフェは、5年たった今は年齢も状況もさまざまな人が集まるごちゃまぜの居場所となっている。

■若者たちの大切な居場所機能

おふたりは、教育に高い専門性を持ちながら、気さくな人柄で、学校や社会に馴染めない若者や子どもたちを受け止めている。相談者としての専門性と個人としての魅力を合わせ持っていることが、当事者や保護者を惹きつけるのであろう、県内外から車で1時間近くかけて通ってくる人もいるほどだ。

ランチタイムの様子

仕事と自分の将来のことに悩み会社を辞めたという山口くんは楽しそうにこう語る。「会社を辞めた時はつらかったけど、カフェでそう言ったら次から次へといろんな人を紹介してくれて、新しい世界と人生が開けた感じがしています。今はグラフィックを描きながらのファシリテーターを個人でやっていこうと思っています」。

このように人と人を自然とつなげるのも加藤さんの持ち味の一つ。同じような悩みや困難を抱える人が、ここでの関わりのなかで少しずつ心を解きほぐし、自分を見つける。そんな居場所であり航海を始める出発点にもなっているようだ。

■一般のお客様と当事者のごちゃまぜ感

そして面白いのが、地元の有名なグルメ情報誌などに掲載され、一般の方のランチ来店も増えてきたこと。子どもや若者たちとの「ごちゃまぜ」が約15坪の小さなお店で展開されているのだ。

加藤さんはこうした光景を違和感なく受け止めているようで「お客様には、『何か都合悪い人しか来ちゃいけないカフェかと思ってました』などと言われるけど、『誰でもなにかしら都合悪いコトってありますよね、子育てとか、親のこととか、今までいろいろありませんか？』と返すと『あら、そうね』と自然と和んだ雰囲気になるんですよ。だって、みんなが、何かの当事者ですから」と言う。「カフェの中で号泣している人とか寝ている人とか、動き回っている子どもたちとかがいても、うちに来るお客さんはびっくりしない。スタッフがいつものことだと思っているとそんな雰囲気が伝わるのかな」。

こうした多様性をごく自然と感じてもらうための役割もこのカフェは担っているようだ。さまざまな事情を持つ人たちが混じり合う社会づくりに自然体で取り組んでいる姿に感動を覚えた。

■事業の収益性について

活動はボランタリーな位置づけかとの問いに、「いいえ！儲けよう！がカフェの合言葉です」と話す。自立して運営するためにはきちんと収益性を高める工夫も必要だ。カフェ以外に、相棒の水野さんが、発達に凸凹のある子どもたち向けの学習サポートを県内に5カ所開いていたり、プログラム、学習会、相談会、個人相談などで収益を得ている。Ｐｏｎｔｅとやまは、2020年度から特別養護老人ホームに「就労練習の場」を借り、清掃会社から「仕事マニュアル」を指導してもらうことで、制度外の就労支援を行い、収益性を高めていく予定だ。

ランチプレート

■地域との関係

農村部集落での開設に反対などはなかったのだろうか。ご近所は、よそ者が移り住むことには温かく受け入れてくれたが、カフェの意味はよく分からなかったようだ。加藤さん自身が転勤族で、最初から分かってもらうことは期待していなかったのでとくに苦ではなかったそうだ。夫とともに地域活動に参加したり、野菜をいっぱい頂いたりしながら、だんだんと足を運んでくれる人が増えてきた。たくさん訪れる若者たちへの抵抗感はなく、むしろ「若い人との会話が楽しいんだよね〜」と楽しむ住民の姿も見られるそうだ。

そして加藤さん自身もその取り組みの姿勢や人柄が認められ、来年度の民生委員に推薦されたという。これからが地元の人としてのスタートである。そんな小さな集落の温かい居場所は今日も賑わっている。

注

＊1　富山型デイサービス：富山から全国に発信した、新しい形の福祉サービス。年齢や障害の有無にかかわらず、誰もが一緒に身近な地域でデイサービスを受けられる場。1993年7月、3人の看護師が県内初の民間デイサービス事業所「このゆびとーまれ」を創業したことにより誕生した。

加藤さんと水野さん

■運営のポイント

◯ゆるやかで柔軟な運営体制

役割の異なる運営メンバー２人の違いを気にしない。違いがあるからこそ間口が広くなる。それぞれの責任の範囲でリスクテイクしながら事業を行っている。

◯現場でのリーダーの直感

カフェでは日々いろんなめまぐるしい動きがあるが、カフェの責任者である加藤さんの現場での直感とも言える判断力と行動力。

◯専門性をきちんと収益事業にする

４年目で学習サポートの収益性が確立。個別性、専門性を活かして安定運営するようになった。

◯ごちゃまぜコーディネーター

多彩な人やコトをつなげるコーディネート機能を自然体で担っている。専門性＋属人的な価値を社会が認めて、今の制度では支えられないコストを誰がどう負担するかという問題を社会に提起している。

■ DATA

◯名称：みやの森カフェ

◯運営：一般社団法人 Ponte とやま

◯所在地：富山県砺波市宮森 303、TEL：0763-77-3733

◯営業時間：木・金；12 時～ 17 時、土（不定休あり）；12 時～ 15 時

◯開設：2014 年 7 月

◯主な事業：ふだんカフェ、介護おしゃべりカフェ、ほっとなみカフェ（認知症相談：行政との協働）、棚ショップ、相談カフェ

◯客席数：20 席（テーブル 16 席、カウンター 6 席）

◯１日の来客数平均：20 名

◯スタッフ：有償スタッフ（代表理事１名、理事１名、会計担当従業員１名）、有償ボランティア２名、ボランティア４名

◯年間予算：約 800 万円（2018 年度）

◯収入：カフェ事業 250 万円、支援事業 510 万円、その他講座など 40 万円

◯支出：人件費 390 万円、原材料費 100 万円、販売管理費 120 万円、家賃水光熱費 80 万円など

◯財源内訳：自主事業 96.5%、補助 / 助成金 2%、会費・寄付 1.5%

https://ponte-toyama.com/cafe/

7 「行政×大学×地域」コミュニティ拠点の実験場

芝の家（東京都港区）

東京タワーのほど近くにありながら、都会の真ん中にぽっかり残された懐かしい町並みに「芝の家」はたたずむ。まだ「地域の居場所」という言葉が浸透してなかった2008年、草分けとも言える「芝の家」ができ、2019年10月で11周年を迎えた。半年前に3軒隣から移転し、節目をかねた「いろはにほへっと芝まつり」を利用者とともに祝ったところだ。

「芝の家」は地域の交流拠点としては珍しく、行政が主体となって大学と協働し、町内会も連携して運営している。本書で紹介する「コミュニティカフェ」とは異なるが、行政と協働した地域交流拠点づくりの先進事例として紹介する。

■立ち上げのきっかけ

「芝の家」は、港区の芝地区総合支所の独自事業「地域をつなぐ!交流の場づくりプロジェクト」として生まれた。芝地区は、お年寄りからファミリー層までの多世代が暮らす。「昭和30年代の懐かしいご近所のつながり」のイメージが拠点づくりのコンセプトとなった。

地域交流拠点をどうやってつくるのか。芝地区の担当者は、すでに「三田の家」という地域拠点

芝の家の様子

を運営していた、慶應義塾大学でコミュニティ研究をしていた坂倉さん（当時）に、相談を持ち掛けた。そこへ、まちづくりに熱心な町内会長が加わり、行政と大学が連携する拠点づくりがスタートした。事業は港区からの委託業務を芝の家LLPで受ける形をとった。「芝の家」の名称は、地域の住民たちとのワークショップで決めたものだ。

■何もかもが初めての拠点運営

初めての拠点づくりは試行錯誤の連続だった。最初の3年間、坂倉さんは「芝の家」に常駐して、港区の担当者と杉山会長と一緒に、週に1度のミーティングを重ねた。

開設当初は、地域にとってどんな場なのかよく分からない存在だった。週に3日開所すると、小学生が集まって遊ぶようになった。

半年後、「コミュニティ喫茶」を週に3日開いた。スタッフに60～70歳代の人が加わって落ち着いた雰囲気になると、地域の居場所として知られるようになっていった。2～3年たってよそから見学者が訪れたり、新聞に載ったりするうちに住民にとって少しずつ「地域のもの」として受け入れられるようになっていった。

「小さい頃から親と一緒に来ていた子どもたちが、中学生になった今も利用してくれるんですよ」と、スタッフの滝沢さんは目を細める。子どもから高齢者まで、誰もが自由に出入りできるみんなの居場所は、この11年間で地域になくてはならないものになっていた。

今はオープン時間帯が2パターンあり、火曜と木曜の11時〜16時は大人が集まりやすい日（コミュニティ喫茶）、水曜・金曜・土曜の12時〜17時は、親子連れや子どもたちが賑やかに遊ぶ姿がある日（駄菓子と昔あそび）とゆるやかな住み分けがある。１００円で買えるお茶やラムネのほか、駄菓子も売られているが、ドリンクやお弁当などを持ち込むこともできる。

年間の来所者はおおよそ7千人〜1万人で、1日あたり40人ほどが利用する。内訳は子ども35％、大人47％、お年寄り18％と多世代が交流している様子が伺える。

■スタッフの対応が「ちょうど良いさじ加減」

「芝の家」では、利用者はお客様扱いされるでもなく、細かく管理されるでもなく、受け入れ方が心地良い。だがスタッフへの特別なトレーニングはしていないという。

駄菓子の販売コーナーもある

「話したい人が話すスタイルのミーティングをしています。良かったと感じたことやまずかった対応、モヤモヤした気持ちを共有し、対策を話し合うのです」と坂倉さん。これには米国発のワークショップのやり方を取り入れていると言う。

初めは時間がかかっても、これを始めて1週間で空気感が変わり、スタッフの間でエネルギーが沸くようになった。毎日の積み重ねで、利用者とのちょうど良い距離感や、関係がつくられていったようだ。

■自然発生的な部活動を愉しむ

通常のカフェと並行して、さまざまな「部活動」がある。初めは誰もがひとりで来て話をして帰るのだが、顔見知りや友だちができると、菜園や花園芸を楽しむ会、ハーブ喫茶、とんとん肩たたきの「とん活部」などが自然と生まれるようになった。また、その後は、アロマ部、ハーブ＆スパイス部、おやつづくりなども行われている。

当番のスタッフは、趣味の共通する人同士を紹介したり、助成金などのリソースにつなげたりと、さりげないサポートをしている。

思い思いに過ごせる空間

夜に行う部活動に「よるしば」がある。昼間に来られない大学生の発案で、お酒なしで夜の会を企画したのがきっかけ。留学体験やインターン報告などそのときどきのテーマを設定した「よるしばお話し会」も不定期で開催する。夜の楽しげな明かりにつられて、会社帰りの大人や近所の小学生が集まって、ボードゲームなど楽しむこともある。学生たちの頑張りに、ご近所からおかずが差し入れられたりと、昔懐かしい関係性がここにはある。

コミュニティ活動が盛り上がる一方で、利用者が「居たいように居られる場」であることも「芝の家」スタイルだ。部活動やコミュニティの輪に入ってもいいし、ゴロゴロと何もしないのもその人らしさなのだ。

■11年間の成果と協働のコツ

「芝の家」は、人生を主体的に生きようとする地域の人たちが集い、育て合うような居場所をコツコツと築いてきた。こうした点と点がつながり、面の活動も生まれている。周辺の地域の居場所や大学などを巻き込んで、地域づくりのための「ご近所イノベーター養成講座」を企画・開催している。

「芝の家」のように行政と連携した居場所づくりが、上手くいくコツがあるのだろうか。坂倉さんは「連携するのに欠かせないのは、信頼づくり。それには市民として心得が大切です」と語る。上から目線や要望陳情型の態度では、良い関係性を築けるはずもないと言う。

行政を含めての地域コミュニティであること。こんなマインドを持つことが、地域づくりをする人たちにとって大切なようだ。

■運営のポイント

○行政との協働スタイル

お互いの関係を認め尊重し合う関係構築。「できない」ではなく一緒に考えるスタンス。

○「こうあらねばならない」を極力なくす

とくに行政施設であるがゆえのルールや決まりは限りなく減らし、利用者・行政職員とともに考え柔軟に対応。

○住民本位主体の運営スタイル

利用者の方々の想いや発案を受け止め、さまざまな活動が自然体で生まれ育っていくコーディネート機能。

○スタッフ同士の振り返り時間を大切に

1人1人丁寧な関係を。毎日のチェックイン・チェックアウトでの振り返りで生まれる絆や気づきなどの大切さ。

■ DATA

○名称：芝の家

○運営：港区芝地区総合支所、三田の家 LLP

○所在地：東京都港区芝 3-26-8、TEL/FAX：03-3453-0474

○営業時間：火曜・木曜日、11 時～ 16 時、水・金・土、12 時～ 17 時（日・月曜・祝日はお休み）

○開設：2008 年 9 月

○主な事業：地域をつなぐ交流の場づくり

○客席数：20 ～ 30 席程度（テーブル、ソファ、座布団、ベンチなど、利用形態に応じて配置はそのつど変更）

○1日の来客数平均：約 40 名

○スタッフ：常駐 3 名、ボランティア約 40 名

○約 1300 万円（2018 年度）（ご近所ラボ新橋と 2 拠点合計の事業費）

○財源内訳：委託事業 100％

http://www.shibanoie.net

3章

コミュニティカフェの始め方・続け方

7つのツボから探る

1章と2章では、具体的なコミュニティカフェの運営のエピソードやトピックを紹介させていただいた。そのなかでさまざまなコミュニティカフェらしいエッセンスを感じ取っていただけたと思うが、本章では、こうした多様な運営の要素やポイントを整理して、実際のコミュニティカフェ運営に役立つノウハウをまとめてみる。

コミュニティカフェの運営とは

■コミュニティビジネスとしての事業運営

コミュニティカフェの運営は、一般的なビジネスとは異なり、コミュニティビジネスと呼ばれる地域密着型の非営利事業がほとんどだ。それは、営利目的でもなければボランティア活動でもなく、行政や企業からの委託でもない、これまでの社会にはなかった形態の事業・活動スタイルである。

コミュニティカフェの要件は、①地域や社会の困りごとや、②必要とされること（地域課題やニーズ）を、③解決するため（ミッション）に、④カフェ的な空間やさまざまな地域資源（ツール）を活用して、⑤「何か」を行うこと、だと僕は考えている。

そのためには、特定の人たちだけのクローズなコミュニティにならないよう、関心のある人は誰でも立ち寄れ、地域や社会に開かれていること、そして必要なネットワークを紡ぐことが大切である。

■コミュニティカフェは多様性が特徴

コミュニティカフェは、子育てや障害・高齢者支援、まちづくり、商店街や地域活性化、食文化推進、地産地消、環境活動などさまざまな目的やテーマで運営されており、複合的に行っているケースも多い。立地も都市部や商店街、郊外住宅地、地方の町や農村、中山間地など多様である。

運営主体にいたっては、趣味の仲間やボランティア団体、ＮＰＯ法人や一般社団法人などの非営利組織から、株式会社、合同会社などの営利組織もある。また自治会や町内会、商店街などが運営する例もある。

■汎用化できないビジネスモデル

このように、それぞれの環境や地域特性等により多様な運営手法があることや、市民の主体性がないと成り立たないケースがほとんどであるため、フランチャイズやチェーン店化できるものではない。つまり事業ノウハウを汎用化、一般化できるポイントはかなり少ない。むしろ属人的要素が強く、どれかの事例を真似てもできることはかなり少ないと言ったほうが適切であろう。

それぐらい標準化しづらいコミュニティカフェの運営だが、事業として継続するために大切なポイントがいくつかある。今回はその運営のノウハウを七つのツボとして、タウンカフェ実践経験や各地のサポート、支援の経験から紐解いて紹介していこう。

地域のためだから、ボランティアでやっているから、利益が目的じゃないから、そんな理由で中途半端にコミュニティカフェを立ち上げても、補助金がなくなったり資金がつきて閉店に追い込まれるコミュニティカフェも少なくない。きちんとミッションを達成するためにビジョンを描き、「ヒト・モノ・カネ」に加えて「情報・ネットワーク」の要素を大切にしながら事業を継続することで、場の持つ魅力がカタチになり、結果として暮らしやすい豊かな地域づくりに寄与することができる。

1 想いをデザインする

1 ねらいや目的に応じた立地や施設

コミュニティカフェを開設する場合、事業のねらいや目的に応じた施設の規模や機能、立地など考えるべきさまざまな要因がある。ここでは立地や施設について考えてみよう。

これからコミュニティカフェを始める場合、自分たちが提供したいサービスや、ターゲットとする利用者、お客様はどういった人なのかを再確認してみよう。たとえば徒歩10分圏内の高齢者のための居場所であれば、家賃（坪単価）が高い駅前の商業施設や商店街である必要はなく、利用者の生活圏内である住宅地などのほうが良いであろう。

一方で、不特定多数のお客様を幅広く1日50名以上も集客するような場合は、駅や商店街などから遠かったり、駐車場がない物件では、事業として成り立つのは難しいだろう。

ハートフル・ポートの場合は、自宅を住み開きカフェとしており、もともと地域の徒歩圏内の利用者をメインターゲットとしているため、駅から離れていても駐車場がなくても何ら問題はない。

一方タウンカフェは、小箱ショップの買い物客なども含めてある一定以上の来店者数がないと事業運営が難しいため、対象とするエリアは中学校区よりも広く位置づけており、なおかつ利便性の高い駅近くの物件である必要がある。

こまちカフェは、駅から徒歩7分とやや距離があり、ビルの2階でもあるので、立地的に不利なようだが、子育てママや親子連れなど、明確な目的を持って訪問する利用者の比率が高いため、駅近くの家賃が高い物件よりも、同じ賃料でもゆったりくつろげるスペースを活用できるほうが望ましい。

みやの森カフェは、田園地帯の中の一軒家だ。近隣の住民もターゲットであるが、専門性の高いスタッフとの関わりや、ほかにはない居心地の良い居場所機能を求めて遠方からわざわざ来店される方も多い。広い駐車場が完備されているので自動車での移動が当たり前の地域の人たちにとっては問題にならない。

このように、どんな狙いや目的でコミュニティカフェを運営するか、予算はどの程度になるのかなどの条件によって、その立地や施設の広さを整理してみることが必要である。

別の視点で考えてみよう。空き店舗や空き家など、使用したい物件、もしくは使用可能な物件がすでにある場合や、行政が設置する施設などの場合は、逆にその立地が、目指している事業の狙いとミスマッチにならないか十分な検討が必要だ。地域性や利用者ニーズなどを捉えて事業の形態を変えるなどの柔軟な考えも時には必要である。

店舗の広さや機能等の条件でおのずと席数が決まるのだが、1日の客回転数と客単価を想定して必要な売上が見込めるかどうかを、物件の契約前や設計段階で十分検討することが、事業を行ううえでもっとも基本的な要件だと言える。とくにコミュニティカフェを立ち上げる方は、地域ニーズを大切に思うがあまり、採算性や事業性を後回しにして考えるケースが多いので注意が必要だ。

また、ナショナルブランドのコーヒーチェーン等と同等に集客できるという、甘い見立てをして売上計画を高く見積もりすぎて失敗するケースも多い。立地や店舗デザイン、素材や味、サービス品質などさまざまな条件をクリアしていたとしても、そう簡単に消費者をお客様として取り込めるという幻想は捨てるべきである。一般のビジネス同様、売上は低めに、経費は多めに厳しく見積もった事業計画を立てる必要があるが、こと売上に関しては、カフェを開いてもそう簡単に集客できるものではないということを肝に銘じておこう。

2　空間デザインの重要性

「コミュニティカフェって入りづらいですよね〜?」

コミュニティカフェに関わる仕事をしているとよく聞かれるフレーズだ。世間一般ではまだ「コミュニティカフェ」という言葉が浸透してないことや、それ自体が圧倒的に少なく認知度が低いことも理由にはある。だが果たしてそれだけが理由であろうか？

一般のカフェや飲食店でも、入りづらいお店はよく見かける。そもそも何屋さんなのか分からない、喫茶店だと分かってもメニューや価格帯が分からない、店内の雰囲気がイメージできないなどの理由で、お茶を飲みに立ち寄りたいけど、入るのに躊躇した経験はあるだろう。

これらの多くは「ミスマッチ」である。

ケーキが自慢なのに外観がスナック風であったり、パスタの専門店なのに定食屋のスタイルでは、仮にメニューや価格帯がマッチしても、ターゲットとするお客様に出会えない。

コミュニティカフェだから。地域に必要とされているから。まちづくりのために。そうした理由と、お客様が満足していただけるかは、まったく別次元の話である。

「予算がないから壁紙を張り替えてテーブルクロスだけ掛ければ良いのでは」などと考え提供するサービスと店舗デザインのズレが大きいと顧客満足度を高めることができず、新規のお客様も来店されなければリピーターも増えない。

■専門家に依頼するという選択肢

タウンカフェの場合も、当初予算がないから会議用のテーブルの再利用を考えていた時期がある。また設計士に依頼することなども考えていなかった。しかしながら素人の僕が何度もレイアウトを検討して描いた当時の図面を見返してみると、いかに稚拙でお粗末なものかが良く分かる。これではお客様も入りづらかっただろうし、今のような快適で居心地の良い空間にはならなかった。やはり餅は餅屋である。コミュニティカフェのコンセプトや狙いをきちんと理解していただき、空間デザインを設計士や工務店に依頼することで、自分の意図した以上のコミュニティカフェができあがり、ようやくコミュニティカフェの「ビジネス」のスタートラインに立てるのである。

「設計士に頼むとコストが余計にかかるでしょ?」という質問をよく受けるが、僕は「逆ですよ」とお答えする。なぜなら、近所の工務店に依頼した場合でも必ず「設計」という作業が発生するわ

ホッとカフェ小机の改装前（上）と改装後（下）の入口

けで、見積書に設計料が入ってなくても実際にはその料金はかかっているからである。

また、工務店や内装屋に直接依頼した場合、予算オーバー時に値引きなどの価格交渉ができるだろうか。設計士は両者の間に公平な立場で関わってくれるので、予算不足の場合でも、値引きではなく、安価な部材に仕様変更したり、コストがかかりすぎる什器や備品のチェックまでしていただけることもある。つまり安かろう、悪かろうにするのではなく、コストも含めた適正な管理が期待できることを考えると決して無駄な出費にはならないと思う。

タウンカフェの場合でも、漆喰の壁にしたかったのだが諦めてペイント塗装に変えたり、格子天井のスペックを変えたり、床の材質を見直したり、さまざまな角度から点検してトータルで200万円を超えるコストダウンができた。

また、コンサルティングさせていただいた港北区の「ホッとカフェ小机」は「予算が300万円しかないから、外装までは手が回らない」と打診した工務店に断られたそうだ。だが、元医院の外観があまりにも殺風景だったので、タウンカフェの設計をした、もくもくSTUDIOの石井啓介氏に依頼したところ、大胆な仕様変更などを試みて、見事にカフェらしい外観デザインに予算内で仕上げることができた。

■間口の広さと敷居の低さ

タウンカフェでは、極力「コミュニティ」とか「交流しましょう」というフレーズを使わないよう心がけている。先述のように一般客を多く迎え入れる必要性があるため、ロゴマークも世間でいう「カフェ」らしさを意識してデザインした。こだわりの店舗設計で、エントランスの開口部は4メートル近くあり、広々としていることでウェルカムな雰囲気を出している。だが、お客様からすると、やはり怪しい雰囲気が漂うのか、中に入ることを躊躇する方をよく見かける。

開放的な港南台タウンカフェのエントランス（上）と入口前に設置した情報ラック（下）

そんなときに力を発揮するのが、情報ラックや小箱ショップの存在である。入り口付近にまちの情報誌やチラシなどがあると誰でも手に取ることができ、「自由に入っていい場所なのかなぁ～」と感じていただき、店内に一歩足を踏み入れていただける。そしてそこに広がる80を超えるハンドメイドの小箱ショップは、一般のショップ同様に眺めているだけでも構わない。少しずつ店内奥へ入りながら様子をうかがい「ここってお茶も飲めるんですか?」という質問に至る流れができる。もちろんそこには、スタッフの笑顔と気さくな声かけがあってこその効果もある。

こうした間口の広さや敷居の低さは、開設以来ずっと意識し続けている。ここまで徹底してハードの設えや商品ラインナップ、スタッフの声がけなどを行っても、「ここって入ってもいいんですか?」と質問を受けることがある限り、さまざまな工夫と努力は今後も必要だと感じている。そうしないと一部の限られた仲間や常連さんだけのたまり場となってしまうだろう。

■快適な空間づくり

店内への誘導がうまくできたら、次は、いかに居心地良く過ごしていただくかが課題だ。カフェの空間設計は大切で、お客様との距離感や客席の配置、照明といったインテリアか

まち家世田米駅の重厚な空間

ら、音響や空調に至るまできめ細やかな配慮が必要だ。

ジュピのえんがわや、まち家世田米駅では、古民家らしい床材や柱、梁などが見応えのある空間づくりとなっており、その存在だけでも豊かな気分にさせてくれる。

こまちカフェの場合は、小さなお子さんが安心して過ごせるよう天然木の床材が張り巡らされている。

タウンカフェは、県産材のスギを多用した店舗デザインで、小箱ショップからテーブルなど統一した雰囲気とし、適度なスポットライトの照明で温かみと高級感を醸し出している。

こまちカフェの明るく安心できるフロア

3　ストーリーのある商品が共感度を高める

コミュニティカフェは「共感ビジネス」でもあると考えている。地域の魅力を知ってもらいたい。暮らしの困りごとを解決したい。そんなまちのニーズや課題を捉えて事業として運営するのが、コミュニティカフェのベースである。

お客様は何を求めて来店し購入・注文されるのか。もちろん価格や味・品質なども重要な要素ではあるが、それだけでは一般のカフェやレストランと何ら変わらない。事業性ばかりにとらわれていては、地域ニーズや課題解決という本来目指すべきミッションが達成できなくなる。

そこで、コミュニティカフェならではの特徴や強みを考えてみよう。

たとえばタウンカフェでは、障害者就労支援施設で手網を使って自家焙煎したコーヒー豆、トーストは、地元のパン屋さんの手作り食パン、小田原市の障害者作業所が地元のみかんを素材にマーマレードにしたジャムや、福島県棚倉町で6次産業化に取り組む農家の方々が開発したブルーベリージャムなどを取り入れている。

まち家世田米駅のレストランkerasseでは地元農家を中心とした野菜バイキングが人気だ。ハートフル・ポートでは、料理を作ったり提供するスタッフはみな近所の住民で、親近感がウリである。地元で音楽教室を主宰するご夫妻のコンサートなども開かれている。

こまちカフェでも、添加物の入ってない素材を活用した三大アレルゲンフリーのメニューであることや、働くスタッフやハンドメイドの作家さんたちが利用者と同じような立場のママさんだということが、関係性や親和性を持ちやすくしている。

また、タウンカフェの場合、店内に置かれた地元県産材を使ったテーブルや椅子が展示販売用としても使われている。これは神奈川県建具協同組合の青年部が、先細りする建具業界に新たな風を入れつつ、活用されていない地元の間伐材を活用しようという取り組みで、そのコンセプトに賛同してコラボが実現したものだ。

このように地元銘品や特産品、顔の見える地域の関係性は、コミュニティカフェのミッションとも合致することが多く、お客様との会話のきっかけになり、つながりの機会を増やすことになる。結果として大型店やチェーン店との差別化にもなるのである。

何よりも、こうしたさまざまなストーリーを持った取り組みを行うことが、同じような課題解決に取り組んでいるＮＰＯや地域団体との関係づくりの輪が拡がる良い機会になる。

4　取材レポートは最高のつながりツール

コミュニティカフェを始めたら、ぜひ「地域情報誌」や「地域情報サイト」を発行してみよう！と呼びかけている。

なぜコミュニティカフェでまちの情報を？と問われることも多い。

理由は、まずコミュニティカフェにはまちの情報が自然と集まりやすいこと。そして自分たち以外の地域活動や魅力的な人物の紹介をすることで、そうした価値ある活動を行っている方々との関係性が濃密になるからである。さらには、地域での信頼性もぐっと高まることは間違いないからだ。

具体的には、「取材活動」を行うことでさまざまな方とお会いできることの意義が大きい。地域の商店会長や自治会長はもとより、NPOやボランティア団体の方々や、地元企業の社長、そして市長や町長など、だれでも会える可能性が高いのだ。通常、コミュニティカフェの相談のためにこうした地域の方にアポイントを取ろうとしても難しいことが多く、仮に会ってもらえたとしても長く時間をとってもらえるケースは多くはない。しかし取材となると長時間しっかり向き合ってお話しできる。さらに面白いのが、取材なのでこちらのPRを行うわけではなく先方のお話を伺うのだが、それが不思議とこちらの活動に関心を持ってもらえるきっかけとなり、連携協力の関係が育まれる機会も多くでてくるということだ。

こうした関係を積み上げていくと、結果として地域との多様な関係が深くなり、将来の活動の幅も広がり、必要な際には助言や協力をもらえたり、連携して地域課題に取り組んだりすることができるようになる。

もう一つ付け加えるとすると、誰もが特定の団体やコミュニティカフェの応援をしてくれるわけではないが、自分たちの暮らす「まちの情報誌」であれば、喜んで町内会の回覧板で回し

市民レポーターによる取材の様子

てくれたり、店舗や公共施設に設置して配布に協力してくれる。そのなかで派手な宣伝はせずとも、さりげなく発行者である自分たちのコミュニティカフェの告知もできるのだ。

もっとも本格的な情報誌を発行すると編集やデザイン、印刷などのスキルや発行コストの問題がでてくるので簡単なことではない。

しかし、最近ではブログやＳＮＳなどを活用すれば、ほとんどコストをかけずにまちの情報を集めて発信ができる。丹念な取材をもとに、コストを抑えたこのような情報発信の方法もある。

5　空間・時間・人間・隙間。４つの「間」をデザインする

コミュニティカフェでは、お茶やスイーツ、ランチなどの飲食提供をするが、利益だけを求め効率化したり、客回転を増やすことが目的ではない。

居場所としてのんびりと過ごせたりいろんな人と出会い交流が育まれたりする「時間」の流れや、ゆったりと過ごすスペース、会議や勉強会などができる快適な「空間」が重要である。

こうしたビジネス視点で見ると無駄とも思える「間」がコミュニティカフェのもっとも大切なコンセプトになる。

そうした「時間」の過ごし方や「空間」の活用だけではなく、不登校やひきこもり、産後うつ、

自傷行為を行うなどさまざまな困難な状況にあっても公的支援を受けられない方々の受け皿となったり、地元の事業者でも商店街に加盟できない条件がある店舗との関係づくりなど、いわゆる地域課題となっている「隙間」を埋める役割がある。

そしてこれらをつなぐのはすべて人の関係、つまり「人間」であり、こうした4つの「間」をどう自分たちのミッションに置き換え、デザインして、具現化して大切に育むかがコミュニティカフェの役割である。

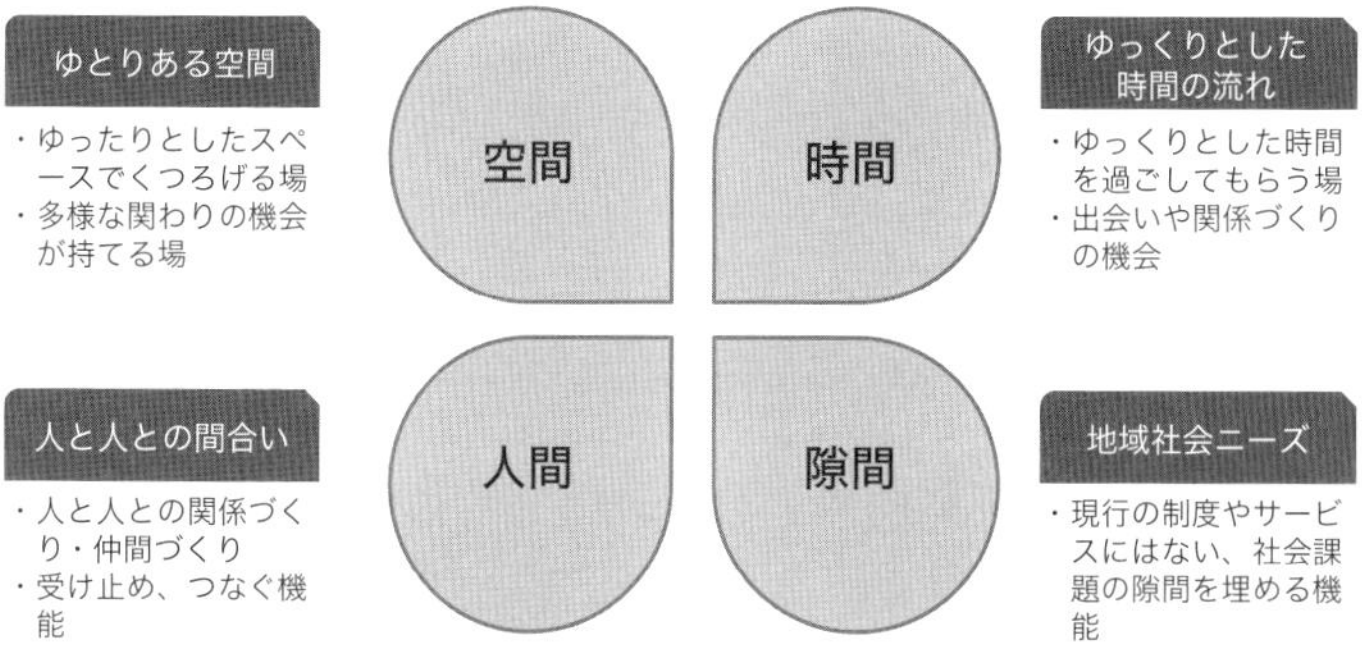
ゆとりある空間
・ゆったりとしたスペースでくつろげる場
・多様な関わりの機会が持てる場
空間
時間
ゆっくりとした時間の流れ
・ゆっくりとした時間を過ごしてもらう場
・出会いや関係づくりの機会
人と人との間合い
・人と人との関係づくり・仲間づくり
・受け止め、つなぐ機能
人間
隙間
地域社会ニーズ
・現行の制度やサービスにはない、社会課題の隙間を埋める機能
図1　コミュニティカフェに大事な四つの「間」

2 おもてなしの極意

おもてなしの必要性

第1章で述べたように、コミュニティカフェ運営の大切な狙いの一つに人と人との関係づくりがある。そこで欠かせないのがお客様や利用者へのおもてなしや気配りである。

コミュニティカフェの運営は難しい。誠心誠意を持って利用者の方と向き合えばおのずと関係性はできあがっていくのだが、そこで難しいことが2点ある。

1点目は、来店された方のすべてがつながりを求めているわけではないということだ。ひとりでお茶を楽しんだり読書をしたりすることを目的としている方に、「さぁつながりましょう！一緒にプログラムに参加しませんか？」というとむしろ居心地が悪くなるのは必至であろう。適度な距離感が必要で、そうした相手のニーズや状況を見きわめることが重要である。

もう1点は、利用者との関係性を深めれば深めるほど、お客様、とくに一見さんと呼ばれる初来店の方にとっては、「蚊帳の外」のような感覚に陥るおそれがあることだ。

いわゆる喫茶店や居酒屋でもそうだが、常連客ばかりで賑わっているお店は馴染みになると居心地が良いのだが、初めてのときは、入りづらかったり居辛くなることがあるのと同じである。これは心情的な問題だけではなく、事業経営にも大きく影響してくる。常連さんだけでいつも満席になりそれがビジネスモデルとして成り立っていれば、さして問題はないのかもしれないが、多くの場合は、常連さんたちの売上だけではなかなか収益を上げることが難しい。そしてさらには特別の仲間たちだけの場になると、地域社会への広がりが少なくなり、まちづくりへの影響力やインパクトも弱くなることが懸念される。新しい風を吹き込み仲間となる人の存在はまちづくりの組織運営を健全に行うには重要な要素である。

2　スタッフの心配りがキホン

そうしたときに必要なのが、なんと言ってもスタッフの心配りであろう。コミュニティカフェだからという甘えを捨てて、いわゆる「接客」「おもてなし」をプロとしての意識を持って取り組むことが重要だ。

初めて来店される方にも、10年通い続けている方にも、心を込めて、「おはようございます！」「こんにちは〜」と挨拶する。お返事があった場合には、「どうぞゆっくりしていってくださいね」とか

「分からないことは遠慮なくどうぞ」などさらに一声をかける。こうした一般のお店ではごく当たり前のサービスを行うことで、ようやくスタートラインに立てると思っている。「地域のためにやっているんだから」「私たちのコミュニティに入りたいのであればどうぞ」という意識が少しでも感じられるとお客様は敏感に察知するもので、二度と来店してくれないだけではなく、マイナスイメージが広まってしまいかねない。

3 おもてなし研修の重要性

■おもてなし研修は必須事項

「カウンターやキッチンに立つスタッフは舞台の演者と同じである」。

やや大袈裟かもしれないが、それぐらいの意識が必要だと思うし、一挙一動お客様は見逃さすチェックしているもので、真心を込めたおもてなしをしていたとしても、些細な言動がお客様に影響することも多い。

そのため、それなりのしっかりした意識を持って、接客やおもてなし研修を行うことをおすすめする。スタッフだけではなくボランティアの方も同様だ。接客を始めたばかりのボランティアの場合であってもお客様にとっては、カフェのスタッフなのである。

タウンカフェでは、ボランティアの場合も、3〜4回は活動体験を行い、そこで理解し合えたら、初めてボランティアとして正式登録を行う。そこから改めてオリエンテーションや接客の基本研修を行うシステムにしている。スタッフの場合も約20時間の基礎研修を経てから、現場でのOJTを30時間行ってようやく隣に慣れたスタッフがついた状態でのレジオペレーションを行えるようになる。一般の店舗に比べてもかなり多い研修期間だと思うが、それだけコミュニティカフェの接客やおもてなしは細やかに気をつかう必要があると思っている。

■おもてなし第一歩のキャッチボール

おもてなしの第一歩は、来店時の挨拶であることは言うまでもないだろう。しかし忙しかったり近くにスタッフがいなかったりなどの理由もあり意外と見過ごされがちである。

お客様の来店時には必ず「こんにちは！」と声がけを行う。もちろん「いらっしゃいませ」でも良いのだが、その後には「おはようございます」や「こんにちは」を付けることをおすすめする。なぜならば「いらっしゃいませ」ではその後の言葉のキャッチボールがうまくいかない事が多いからだ。

「こんにちは！」と挨拶すれば何らかのお返事をいただけることが多い。そうしたら今度は「どうぞごゆっくりご覧になっていってくださいね〜」と言って、その反応によってそのまま過ごしてもらうか、さらに「たくさん品物があるんですね〜」などとお返事があると、「そうなんですよ。実は小箱ショップと言って地域の作家さんたちが…」と会話が流れるようになる。つまりお客様が会話を終えたいときには気持ち良く店内に送り出し、会話を希望される場合は、必要な情報を提供したり、会話を楽しむというスタイルだ。

このキャッチボールを間違えて、一方的に投げ続けたり、投げられているのに気づかずに見逃していることはないだろうか？

■分からない場合の3原則

タウンカフェではこの「分からない場合の研修」はロールプレイングして徹底的に学んでもらう。お客様からすると新人スタッフであれボランティアであれ、エプロンを着けていればお店の人に変わりはないので、お構いなくさまざまな質問を投げかけられる。その時に、「え〜っと自分は研修生で…」と、まごついているとサービスとしては成り立たない。

そのため次の3原則を用いるのだ。

①お詫びする、②分からないことをお伝えする、③ご相談する。

そのうえで行動（アクション）を起こすようにする。

たとえば、「このピアスの素材は何かしら？」との問いには、「大変申しわけございません、素材は分かりかねますので、作家さんの商品リストに記載あるか確認してきましょうか？」という具合だ。

簡単なことのように思えるかもしれないのだが、意外とできてないお店も多い。

4 気配り「1対9の法則」

おもてなし研修で次に大切なのが「1対9の法則」である。

先に述べたように、どうしても常連さんや古くからのお客様との関係性が深くなるのは必然である。10年以上も通っているお客様や小箱ショップ作家さんと、初来店された方と同じように接することができるかというと、それは無理である。当然意識しないと、常連さんとの時間や関わりが9割、初来店された方とが1割といった具合になるであろう。

その比率を逆にする意識改革である。つまり、常連さんは1割程度で、初来店された方には9割もの意識を注ぐということである。もちろん時間の使い方は理想どおりにはならない。しかし、受付カウンターや客席でボランティアやスタッフが常連の方とワイワイおしゃべりしている時に、お客様が来店された場合、ワイワイの一部、いや多くの意識をその方に向けることが重要なのだ。

長年契約している作家さんとスタッフがおしゃべりしているときに、先月契約したばかりの作家さんが来店された場合、「こちら布小物を作っている○○さん、もう長く活動されているので、分からないことあればいろいろ相談されると良いと思いますよ〜」と声をかけるだけで自然と場が和み、疎外感もなくなるというのも分かりやすい例であろう。

こうした意識をスタッフやボランティアが持つことで、自然と周囲に意識を向けるようになる。もちろん自分の時間を過ごしたくて来店される方もいらっしゃるので、誰も彼も同じように声がけすることは避けなければならない。これは言葉のキャッチボールでお客様からボールを投げ返された場合は、それに対応するという鉄則を守ることで、押し付けがましい接客はおのずとなくなるのである。

5　コミュニティカフェならではのおもてなし

最近のお店では機能的になりすぎたせいか、お客様との対応もずいぶんと機械的になっている。マニュアルありきの悪影響もあるのだろうか。ほとんど事務的な内容以外は声を交わさないお店も多い。

しかし、コミュニティカフェでは特にお客様とのやりとりがさまざまな場面で関係づくりにつながるし、何よりも心地良い時間を過ごしてもらえる重要なポイントだ。来店時の挨拶もそうだが、たとえばお買い上げの際にレジで一言声をかけるだけでも劇的に関係性は深まる。たとえば「あら～秋らしいステキな色合いですね！」と自身が感じた言葉をかけるだけでも良いのだ。これは僕が常套手段としている方法だが、ハンドメイドに詳しくなくても、お客様や作家さんに共感して一緒にお買い物の時間を大切にしていることが少しでも伝わると思う。

コミュニティカフェのおもてなしは、マニュアルにそった通り一遍の挨拶や接客用語ではなく、スタッフ自身の気持ちや想いを言葉に替えるという心の通い合う行為のことである。そのための基本研修は、接客のプロとしてきちんと行いながらも、コミュニティカフェの目的や狙いを共有できているかが、もっとも重要なポイントである。

こうしたミッションは、もちろん個々のスタッフの想いやお客様との関係づくりの喜びが原点となる。そうした喜びや地域への想いが共有できる仲間づくりが大切である。そうすればおのずとお掃除や皿洗い、商品管理といった地道で変化のないような作業の意味や意義も理解でき、コミュニティカフェ全体の空気感が良い方向に向いていくと実感している。

3 人材発掘と参画のデザイン

｜ファンや利用者が担い手に変化するポイント

■想いをカタチに変える

どんな事業でも「人は宝なり」と言われるが、コミュニティビジネスの場合は人によるところがきわめて大きいと思う。

優れたビジネスモデルや魅力ある商品など必要ないとは言わないが、地域の資源を活用したり、地域課題を解決すること、さまざまなニーズを拾い上げカタチにしていくことがコミュニティカフェのミッションだ。そのプロセスはきわめて属人的な要素が強く、当然そうした意識やセンスのある担い手の想いがカタチとなり、事業として動き出していく。

しかし、こうした事業はモデル化や標準化がしづらいうえに、システム的に運営できないケースが多い。つまりそこに関わるスタッフやボランティア一人一人の意識や気持ちの持ちようがとても重要で運営面に大きく影響を及ぼすのである。

■コミュニティカフェでの一歩踏み出す機会

こう言うとなんだか難しいことのように思えるが、コミュニティカフェという場があるとさまざまな場面でいろいろな関わりが生まれるものだ。

タウンカフェでは、テント村の運営を商店会から任せられていたが、元商店会長の幼馴染である伊藤さんが、お仕事をリタイアされた頃から、会場設営や誘導係などのお手伝いに来てくださるようになった。その後、もっと×2交流ステーションという自由な交流飲み会にも頻繁に参加されるようになり、気がつくと、早めにいらしてテーブル配置のお手伝いや参加者に配るお菓子の袋詰めまでしてくださるなど少しずつ関係が深まってきた。今となってはさまざまな活動に欠かせない存在である。

また、子どもの頃、夏祭りのたびにタウンカフェの出店に遊びに来ていた子が、青年となってイベント時の頼れるスタッフとして活躍していたり、家で暇にしているから…と母親に連れられてきた高校生が、カフェボランティアとしてカウンター業務から事務作業まで担ってくれるようになったり、小箱ショップ作家さんが、情報誌「ふ〜のん」の編集メンバーに参画したり、いろいろな場面でゆるやかな関わりから関係が深まるケースが多くある。

そこには何か仕組みや仕掛けがあるわけではない。もちろんボランティア募集のチラシを用意したりホームページでも常にボランティア募集の告知は行っているが、多くの場合は、イベント後などの立ち話でスタッフが声をかけたりするような、ちょっとしたきっかけから一歩踏み出すことが多いのだ。

2　主体性を持った活動へのステップアップ

コミュニティカフェの利用者やお客様が、居場所としてくつろいだり、楽しく過ごすようになると、サロンやイベント等に参加するケースもでてくるであろう。利用者の方が自ら参加したいと言い出される場合もあれば、「もし良かったらこんな交流会がありますよ」といったスタッフの声がけがきっかけとなることもある。

こうした交流の場に参加すると、参加者同士や主催者とのつながりもできてくる。

次に、「今度のサロンでゲストをしてみませんか?」「イベントの実行委員を一緒にしませんか?」といったちょっとした働きかけを行うことで、活躍の機会が広がってくる。やや傲慢な言い方をすると、これは、単なる「参加するだけの交流」の提供から、「主体的な意欲を持

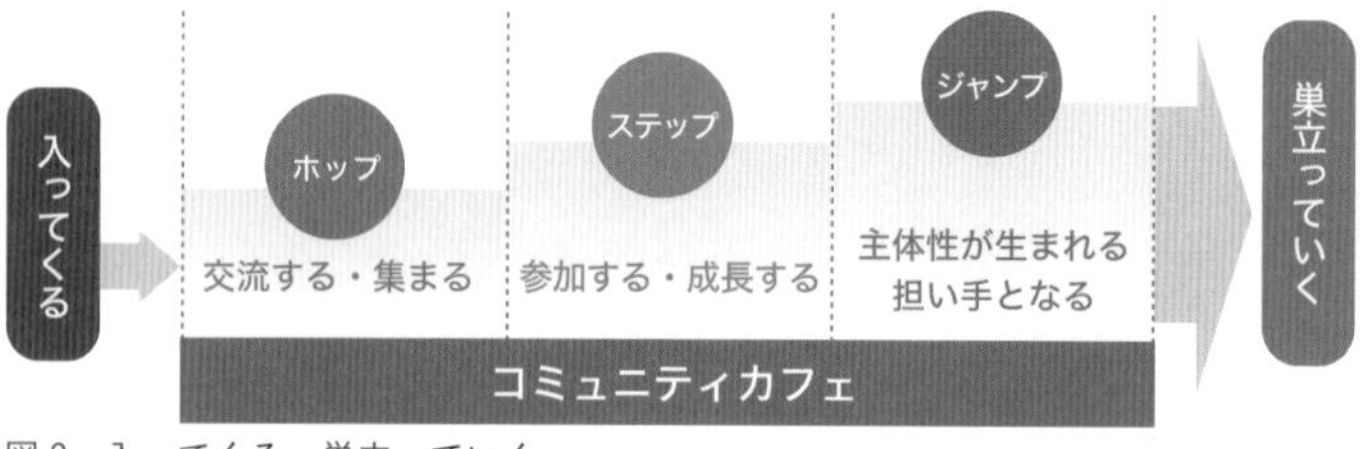

図2　入ってくる、巣立っていく
コミュニティカフェは居場所や交流機能だけではなく、参加成長する機会があり、さらには、地域や社会へ巣立っていく後押し機能も持っている。

って関わりあう交流」の提供への変化と言える。こうした機会が多ければ多いほど、さまざまな方が得意分野を活かしてまちづくりに関わるチャンスが増え、自分たちのコミュニティカフェの仲間づくりにもなっていく。

ある時、大学のゼミの研究で7〜8名の学生がタウンカフェのヒアリングに訪れた。そのなかのひとり、佐藤佳奈子さんが、タウンカフェの活動に強い関心を持ったのだろうか、改めて個人的にヒアリングをさせてもらえないかと相談してきた。せっかくの機会なので、実際に活動してみるとより深く理解できるのではないかと思い、夏祭りのイベントスタッフに誘ってみた。結果、1日だけの予定が面白がって2日間も参加することになり、他の活動にも参加してみたいと、カフェでのボランティアを志望。毎週1時間もかけて通ってくるようになった。さらにはインターンシップとしてより活動に深く取り組むようになり、最終的にはなんと学生の有償スタッフとして卒業までの約2年間、責任を持って関わるようになった。

また、子育て真っ最中の主婦である倉松久美子さんは、情報誌「ふ〜のん」編集メンバーの菅野さんからのお誘いで、企画編集会議に参加し、お子さん連れで取材をしたり校正をしたりと活躍している。「ふ〜のん」の編集に若い視点が加わり魅力アップにつながったことはもちろんだが、これまで子ども関係の活動をしていた彼女にとっても活動の領域が広がる機会になったのではないだろうか。

3　人材発掘のキモ

有能で意識の高いスタッフはどのように募れば仲間になってもらえるのだろう。おそらく多くの団体・事業者は給与などの待遇面で他社と競合するなど考えられないであろう。実際タウンカフェでも開業以来ずっと最低賃金程度の給与であるし、ボランティアや謝金ベースの有償ボランティアだけで運営しているコミュニティカフェも多い。

そこで重要なのは「想いの共有」である。取り組みのミッションや地域課題を明確にして伝える。そして共感が得られたら、そのために必要な役割を伝えることが大切である。

具体的な方法としては、ニュースレターやブログに想いを掲載する方法もあるし、勉強会を開いて一緒に学ぶ機会を設けるなどさまざまな方法がある。そして現在のノウハウや資源、人材では不足している課題があることを広く知ってもらい、賛同者を募ることから始めると良いだろう。

次のステップとして重要なのは、その「賛同者たちとの関係づくり」である。ただ単に「スタッフになってもらえない？」とお願いしたところで人の気持ちはそう簡単には動かない。そこで「あなたのネットワークと広報力を必要としているの」とか「会計をお願いできないかしら」「キッチンのメニューを考えるチーフ役を期待しているの」といった具体的なポイントを伝えてアプローチすることが大切だ。いわゆる1本釣りの手法である。

これは一見簡単そうに見えるが相手との関係性ができていないと上っ面だけの表現になる。そうならないためには日常の活動だけでなく、勉強会やワークショップを行ったり、さまざまな意見交換などを行う場面で相互理解を深める＝共感を得る努力を怠らないことが肝心である。また異なる考え方を持つ仲間もおおいに歓迎したいが、そこでは、一緒の方向を向けるか、つまり、ミッションをきちんと共有できているかが確認すべき大切なポイントである。

こうして、自分たちのまちを面白くつくり上げていく気持ちが共鳴し合うことで、信頼関係の強い仲間ができていくのである。

4 「任せる」という覚悟を持つこと

ボランティアやスタッフの関わりが増えてくると、その組織規模や事業内容にあわせて組織の体制や意思決定の方法も変革していく必要がある。

タウンカフェでは当初僕もカウンターで接客をしていたが、現在はスタッフに任せきっている。商品管理や発注、シフトの作成やイベントの開催、新人研修など、かつては自分が中心になってほぼすべてをやっていたが、今は担当のスタッフが担っており、僕は最終チェックをしたり報告を受けたりするだけだ。

スタート時は代表やリーダー的な立場の人の指示のもとに何もかもが行われて当然なのだが、いつまでもそのスタイルでは、関わっている人のモチベーションは上がらないし取り組みもダイナミックな展開とはならない。

またリーダー自身もどんどん忙しくなり、本来やるべき長期的視野に立った展望を描いたり新しい取り組みへのチャレンジができなくなる。

リーダー色が濃くなりすぎたり、活動が疲弊してきたりといったマイナス的な要素も多くなる。さらにはもっとも重要なスタッフの主体性や自発性が育たないという弊害もある。だからこそ、なるべく現場のボランティアやスタッフに任せるという意識を持ち仕組みをつくっていくことをおすすめする。

もっともあまり早い時期に「放り出す」と方向性に迷いが出すぎたり、崩壊するおそれもあるので、

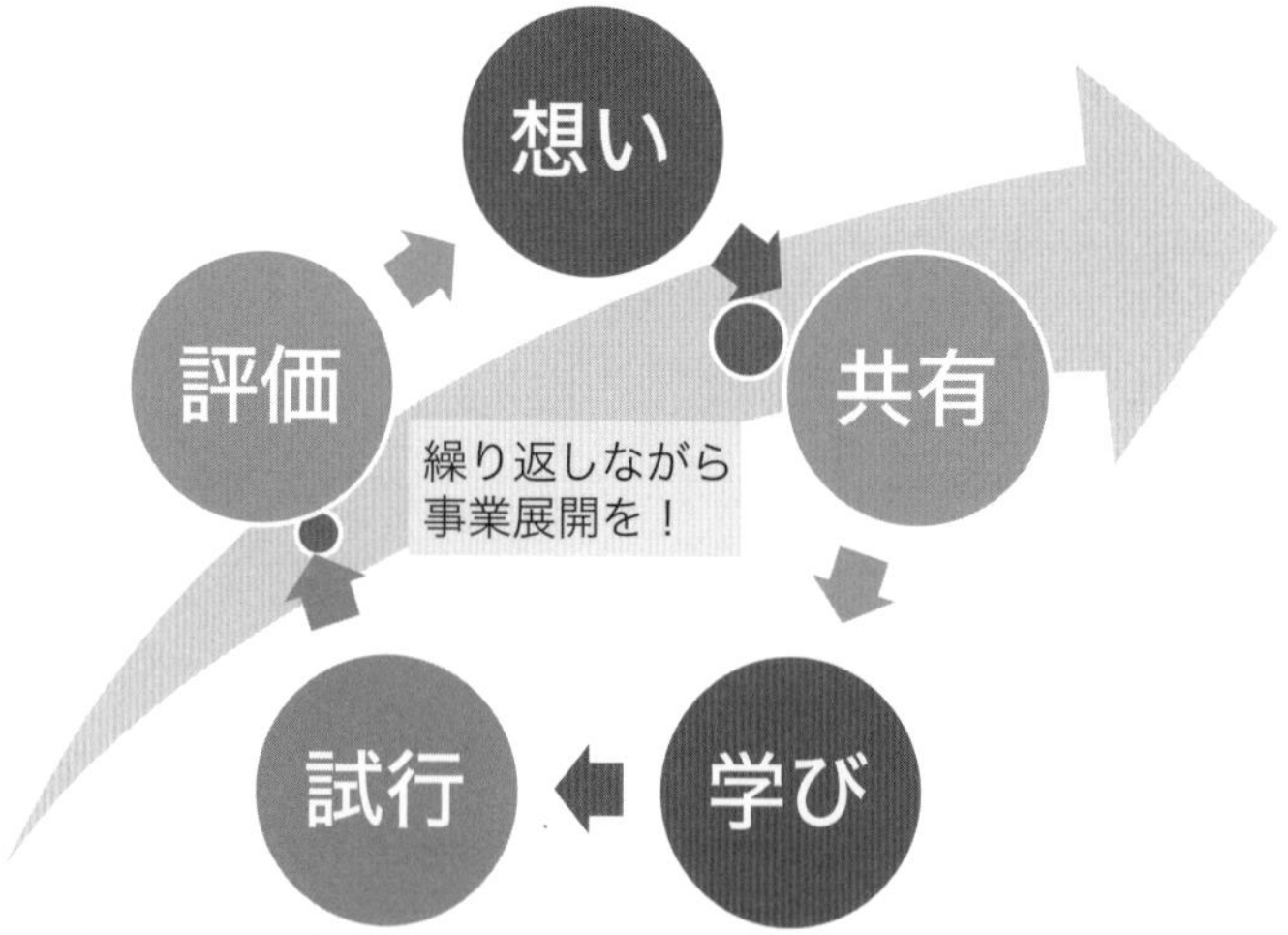

図3　想いを共有し学び合いながらコミュニティカフェは成長していく

ときに数年かけるぐらいの気持ちが必要だ。最初は物品等の定期的な発注業務や、簡易なデータ入力、イベント補助などから始め、すこしずつステップアップしていく計画性も必要である。

また、何をどこまで任せるのかを明確にしておかないと些細なことでトラブルになることもある。キャンドルナイトや「ふ〜のん」の編集も、今は実行委員が主体性を持ってどんどん進めてくれる。以前、まち歩きイベントや、フリーマーケットのキッズコーナーなどを学生インターンたちに任せたときには、予算決めなどの企画から、イベントの安全性の確認まで任せて実施した。もちろん収支報告や事業報告書作成まで責任持って取り組んでもらった。そうすることで彼ら自身が成長できるからだ。

スタッフやボランティアに任せるときは、リーダーとしては「トラブル等があったときの後始末は引き受ける」という覚悟が必要であることを肝に銘じておかなければならない。そして失敗した時のリスクを最低限で抑える手立てをあらかじめ考えておくことも必要だ。

5　エプロン姿のコーディネーターが育つ

このようにコミュニティカフェでは、さまざまなプログラムや事業を通じて、ボランティアやスタッフ、ときに参加者たちが、お互いを認め合い成長し合うことが大切であり、それがまた地域の多様な交流の場づくりへとつながっていくのだと思う。

そしてやがてスタッフたちは、自然に地域づくりやつながりづくりを意識するようになっていくのである。

もちろん、ただ単にプログラムや事業があれば成長できるわけでもない。仲間同士の運営であっても、さまざまな動機づけや研修なども必要であるし、ときに振り返りや評価などを行うことも大切である。タウンカフェでは、必要に応じて業務振り返りシートでスタッフの自己評価を行っている。業務の効率化や責任感、衛生管理といった一般の業務スキルの項目もあるのだが、コミュニケーション力や主体性を持った取り組み、ボランティアや関係者への動機づけなどの項目もある。「店員さん」としてだけではなくコーディネート機能を期待している。

職業体験で指導するタウンカフェスタッフの様子

■気がつけばまちづくりへ

10年前からタウンカフェのスタッフとして活躍している田中久子さんは、子育て中に布小物やかばんづくりに熱中。タウンカフェ開業時から小箱ショップに出店し、子育てとハンドメイドを両立する専業主婦であった。お子さんの小学校入学を機に週1回の非常勤スタッフとなったが、当初は「まちづくりなんて興味もなかった」と笑う。週4回シフトに入るようになった現在も、「積極的にまちづくりを意識して仕事をしているわけではない」と本人は話すが、キッズスクエアやハンドメイドマルシェの企画を積極的に切り盛りし、中学生の職業体験受入担当として見事なサポートをしたり、地域元気フォーラムでの司会進行役を担ったりと活躍の幅を拡げている。「仲間のスタッフとの協力関係も円滑で、気がつくとはまっていたのかしら」とさ

期間：201　年　月～ 201　年　月

氏名：

自己評価は５段階で記入（5が高い、1が低い）

		評価数値	取り組めた成果や感じている課題など	今後に向けた取り組みなど
①リーダーシップ	調整力や会議進行、ボラや他スタッフへのアプローチ／動機付け、思いやりなど			
②責任感・管理	報告連絡相談、遅刻・欠勤など時間管理、コスト意識など			
③企画力、知識・情報	業務向上・改善のためアイディアや知識、情報収集など			
④業務遂行力	業務スキル、専門性、スピード、成果、信頼性			
⑤おもてなし力	受け止め力、接偶・おもてなしの雰囲気づくり、関係づくりの意識、コミュニケーション力			
⑥衛生備品管理	備品管理、清掃、衛生管理、整理整頓			
⑦提案・営業・ヒアリング	プレゼンテーションや営業、説得力ある説明と相手の気持ちを受け止めるヒアリング・傾聴			
⑧積極的／主体性	業務取り組み姿勢や研修参加意欲など自発性			
総合	全体を通して			

図４　タウンカフェの業務振り返りシート

らりと言ってのけるが、意識が少しずつ高まってきている証であろう。

■スタッフからまちのコーディネーターへ

コミュニティカフェのスタッフは、そばから見ると「カフェの店員さん」で、いわゆる相談員や専門家ではないが、地域に愛着を持ち仲間たちと協力しながら利用者やまちの人たちをつなげたり励ましたりしている存在なのである。

そんな「店員さん」たちだが、ときにコミュニティカフェで展開するさまざまな活動を実践し、まちの人が主役の活動をサポートし、情報を受け止め発信する「まちのコーディネーター」と言っても言いすぎではないように思う。

エプロンを着けた「店員さん」は長い年月コミュニティカフェの現場で運営をささえながら、まちへの意識を高め合い、結果として「まちのコーディネーター」に育っていくのである。

港南台地域元気フォーラムでのスタッフたち

4 組織のつくり方と運営

運動体から事業体へのイノベーション

コミュニティカフェを立ち上げる際には、大きく分けて2通りのスタイルがあるように思う。ビジネスとして事業計画を作成して仲間やスタッフを募る方法と、ボランティアグループやサークル、趣味の仲間同士で意見交換を重ねながらつくり上げる方法だ。今回は特に後者の場合についてふれてみる。

みんなで集まって勉強会やミーティングで意見交換を重ねながらコミュニティカフェのイメージを一緒につくり上げていく手法は、メンバーの主体性や自発性も高まり、お互いの考え方をじっくり向き合いながら共有できるという素晴らしい面がある。必要に応じて外部からゲストや講師を招いて勉強会を行ったり、類似事例のコミュニティカフェなどに視察見学に行くことも一つの方法だ。また身内のメンバーだけではなく、ときに地元の行政担当者や自治会町内会など地域のキーパーソンを招いた意見交換会や説明会、勉強会の開催もぜひともおすすめしたい。盤石な基盤や地域ネットワークを作るために、創設期の活動をしっかり持つことが大切である。

タウンカフェでも、オープン前には商店会との会合を重ねるだけでなく、自治会や地域活動団体、行政、一般市民など幅広い方々をお誘いしたオープンミーティングを3回開催した。

一方で気をつけるべき留意点がある。それは情報の共有である。こうした開設前の準備期間は代表や会計などある程度役割が決まっていることも多いだろうが、基本的にはみな対等な立場の組織体である。しかし、いざ事業としてコミュニティカフェを立ち上げる段階になると、環境が大きく変化してしまうことが多い。

代表者はその責任が大きくなり、経営方針を明確に提示したり、さまざまな場面で判断を求められることも多くなる。一方、想いは人一倍でもフルタイムの仕事を持っている人などは、時間的に難しいため、外部メンバーや理事・役員などといった関わりになることが多く、現場の細かい点までは関われない。また、資金を提供する立場になる人もいれば、有償スタッフとして給料をもらうスタッフになる人もでてくる。あるいはボランティアとして無償で活動を担うメンバーもいるだろう。会員として陰ながら見守り支える役目もあるだろう。

つまりそれぞれの置かれている状況により、団体内での立場や役割が変化するのだ。

とくに短期間でコミュニティカフェの計画段階から実現にいたるケースだと、こうしたさまざまな立場のメンバーがお互いの状況を理解しつつ関係性を保つのは容易ではない。そのため、メーリングリストやSNSを活用した情報共有はもちろん、ミーティングだけでなく、交流研修会やワークショップなどを丁寧に行い、相互理解を深め想いの共有化を図る努力が求められる。

2　やりたいことと地域ニーズの確認

自分たちの目指している活動や事業が、図5の中心部にあたるとしたらどんなに素晴らしいだろうか。やりたいことが必要とされており、なおかつ自分たちで解決できる手法を持っている状態であれば、こんな幸せなことはないだろうが、現実はなかなかそうはいかない。

自分たちのやりたいことが明確で、それを得意とするのだが、地域のニーズが分かってないような場合（図5のA）はどうすべきだろうか。たとえば、絵本の読み聞かせや、高齢者の配食サービスを行おうとしているのに地域ニーズがなかったり、すでに同様の活動をしているケースがあったりするので、情報収集が大事だ。

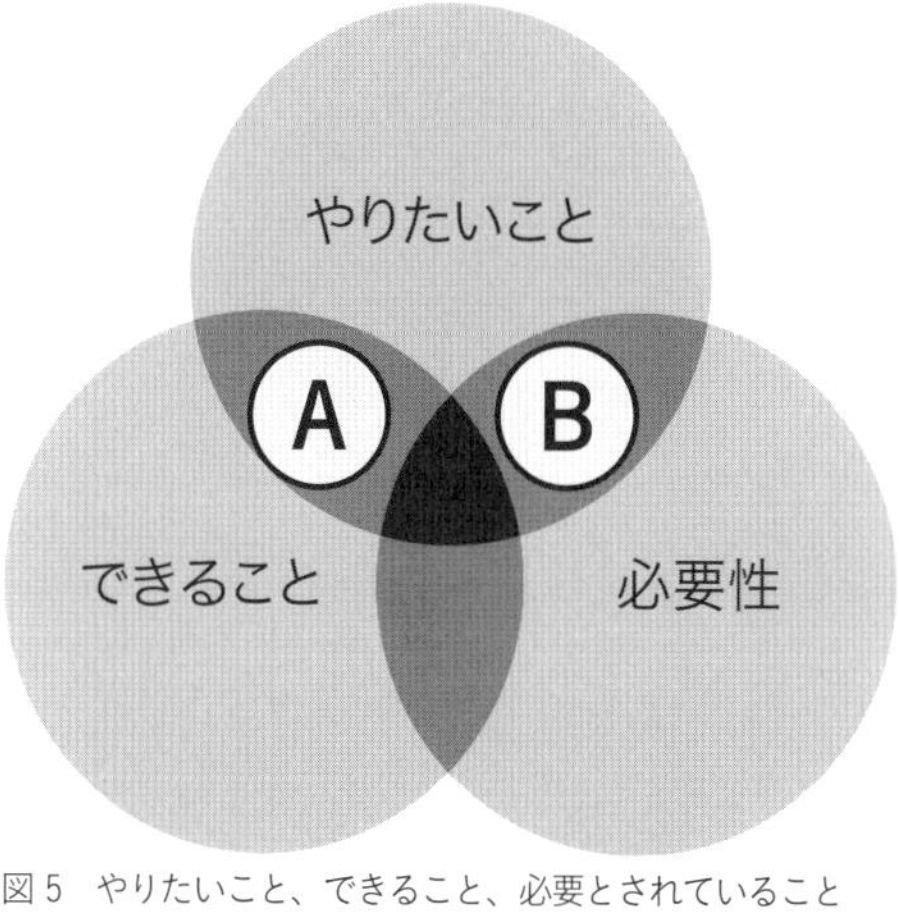

図5　やりたいこと、できること、必要とされていること

逆に、やりたいことと地域ニーズは見えているのだが、その解決の糸口となるノウハウがないような場合（図5のB）はどうすべきだろうか。たとえば、高齢者のお弁当配達が必要だと分かっていてぜひその活動を行いたいが、調理に関するノウハウや施設がない場合などだ。資金を集めてきて調理場を設けて、料理学校に行って調理の勉強をするのでは、費用も時間もかかって実現までの道のりは遠くなる。

答えは簡単だ。できる人材や場所を求めれば良いのである。

まち家世田米駅の場合、町外で働く地元出身のシェフを熱い想いで誘って仲間に入ってもらったという。

タウンカフェでは、スイーツのメニューを検討する際にお菓子作り教室を主宰しているミサリングファクトリーの松本美佐さんにアドバイスしていただいた。

また、住民一斉アンケートなどを活用して調理スタッフを募集したコミュニティカフェもある。

このように自分たちにないものや足りないこと、ノウハウなどを地域に求めるプロセス自体が、関係づくりのきっかけとなり、まちづくりの活動へとつながっていくこともあるのである。

3 組織づくりは柔軟に

■初動期はコンパクトな運営で

「事業化をするので何名ぐらいでどんな組織体制にしたらいいのでしょうか」という質問をされることがある。地域で事業を行うには社会的な責任が問われるため、組織づくりは重要であり慎重に考える必要がある。

事業の性質や規模にもよるが、当初から大きな組織にしようとすると、意思決定に時間がかかったり、想いが共有されず方向性が定まらないケースもでてくる。事業規模が大きくない一般的なコミュニティカフェは、覚悟を持ったコアメンバー2～3名を含めた4名～6名ぐらいの、信頼しあえなんでも語り合える仲間がいれば良いのではないかと思う。

また仲間内だけの場合、どうしても視野が狭くなるケースも多いため、中間支援機関のスタッフや、専門家、行政職員などにもオブザーバー的に関わっていただくこともおすすめだ。

■法人格にはこだわりすぎない

組織形態については、任意団体や個人事業ではなく、NPO法人や一般社団法人、株式会社、合同会社などの法人化を検討することもあるだろう。どんな法人格で運営するかは、ミッションや組織体制、事業規模などにより変わってくる。賃貸借契約など外部との契約関係の有無や、資金調達の規模、金融機関からの融資などの諸条件によって検討することが必要だ。

ここでは詳しく述べないが任意団体の場合は代表者個人の責任となるため、代表のリスクが大きくなってしまう。一方、法人化した場合、手続きの煩雑さや経費の負担なども生じるため、総合的な判断が必要だ。当初事業規模が小さい場合、任意団体でスタートして、必要に応じて法人化するという選択肢もあるので、立ち上げ前にあまりこのことに意識や時間をとられすぎる必要はないと思う。

むしろ大切なのは意思決定の仕組みや情報共有の方法で、代表者がどこまで権限を持つのか、理事会や役員会、スタッフ会議、そしてメンバー全員が集まる総会など、それぞれ合意する場が、どんな役割や決議事項を担うか決めておかないと、意思決定が曖昧になって混乱したり、不信感が募ったりするので注意が必要だ。

任意団体であっても、規約や定款を作成したり、外部への情報開示を積極的に行うことも必要だ。

ふらっとステーション・ドリームは開設当初は任意団体でスタートしてその後ＮＰＯ法人化している。ハートフル・ポートも5年を迎え法人化を含めた組織の再編成に取り組んでいるところだ。

4　ボトムアップの意思決定の重要性

組織の意思決定の方式として、経営者や経営陣など組織の上層部の意思決定に基づいてスタッフが行動する「トップダウン」と、現場のスタッフから上がってきた提案を基に意思決定していく「ボトムアップ」がある。コミュニティビジネスの場合は、経営者に雇われて働いているとか、組織のために活動しているという意識より、地域の課題解決や困っている人のニーズに応えたいといった個々人の「想い」が原動力となっていることが多いため、「ボトムアップ」の意思決定が大切だと思う。

タウンカフェの場合、図6のように、年に数回だけ活動に参加するメンバーも含め、サポーターやイベントスタッフなど約80名が関わっている。この一人一人の想いをすべて具現化することは難しい。し

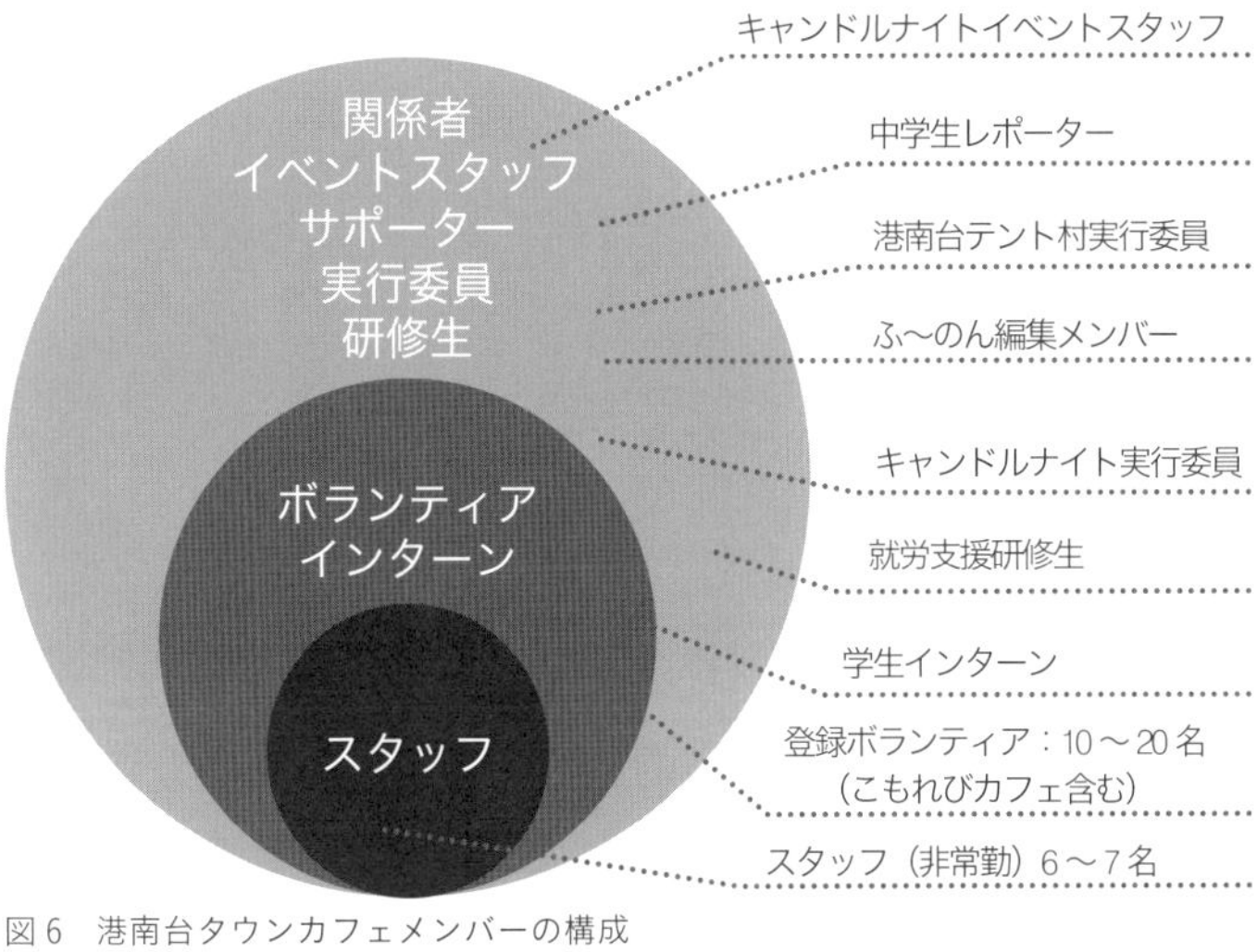

図6　港南台タウンカフェメンバーの構成

ボランティアスタッフ交流会ではさまざまな意見やアイディアが飛び出す

かし、ボランティアスタッフも含め、その想いをカタチにし、一緒につくり上げていくための役割を担っているのがスタッフである。さらにその足りない部分を補うのが代表の役割だと思っている。

■スタッフとボランティアの関係

もっとも年に数回のボランティアの方よりも、毎日のように勤務しているスタッフのほうが、持ちうる情報量や業務スキル、地域との関係性も深くなる。しかし、だからこそ、スタッフは常に聴く耳を持ち、活動している方々やもっと言えば地域のみなさんのニーズを受け止め、それを具体的に活動や事業として動かすサポートをする意識を持ち続けることが大切である。

スタッフの業務が追いつかないからといって、ボランティアの方々に単純作業のお手伝いばかりをお願いしたり、イベントメンバーの打ち合わせの結論を待っていると事業が円滑に進まないからといって、スタッフ主導型で活動を進めてばかりいると、本来目指すべき地域でつくり上げていくコミュニティカフェの大切な役割が見失われてしまう。

ふらっとステーション・ドリームには、その名のとおり関わるメンバーの関係性が「フラット」だという理念がある。理事メンバーはもちろん現場のスタッフまで対等な関係でお互い尊重しながら意思決定を行っている姿には学ぶべき点が多い。

■メンバーの合意形成とプロセスの重要性

多くのコミュニティカフェはコアメンバーやスタッフ、ボランティアを合わせると20名を超える大所帯のところが多く、関わるメンバー全員の合意形成を取りながら事業をすすめていくのはかなり困難であるのも事実である。そのために、分野や部門ごとの会議やワークショップを開催したり、異なる立場や世代のメンバーが集まる意見交換会なども計画的かつ定期的に開催して意見を集めまとめるという手法も有効だろう。

こうして物事を決めていくプロセスそのものが、コミュニティカフェの価値であると言っても過言ではない。答えをポン！と出せばすむ話でも、メンバー同士であーでもないこうでもないと、さまざまな立場や方向から物事を考えることで、相互理解が深まる。さらに、自分たちの関わっているコミュニティカフェの目指すことやまちへの想いを感じ合い、より一層意義を感じることになり、それが活動を継続するモチベーション向上の原動力となる。

タウンカフェでは、年に数回ボランティアスタッフ交流研修会を開催している。そこで行うワークショップや勉強会、交流会などはお互いの想いを共有し、ミッションや活動のビジョンを確認したりする機会となっている。

こまちカフェのスタッフ会議では、事務連絡等の報告に時間を使わず、代表が作成する1カ月の

コミュニティカフェの意義を寸劇で伝えるワークショップを行うことも

ストーリー動画で活動を確認したり、ワークショップで課題や成果・価値を共有する密度の濃い時間を過ごしているほか、コーディネーター研修なども積極的に実施している。

芝の家では、毎日朝と夕方にチェックイン、チェックアウトという時間を設けて振り返りを行う。これは単なる業務の引き継ぎではなく、利用者の状況や起こった出来事を共有する。またそれだけにとどまらず、自身の体調や気分を共有しながらお互いの弱みも受け入れているという。

キャンドルナイト実行委員会でも、毎年テーマを決めるだけで何時間も意見交換に時間を費やす。ときに数回のミーティングにわたって話し合うこともあるくらいだ。一見無駄のようにも思えるかもしれないがこうしたプロセスこそ大切なのである。

一方で、ある程度意見がまとまってきているのにいたずらに時間ばかり費やすような時には、躊躇せずリーダーシップを発揮して、ビジョンを明確に提示して流れを変えたり、メンバーの背中を押して活動を推進することが必要な場合もある。

5　合意形成の大切さと直感を信じる経営判断

コミュニティカフェの場合、多くは現場の声を大切に丁寧に合意形成を図りながら物事を決めていくことが大切だと考える。しかし一方で、リーダーのセンスや考え方で迅速に経営判断しなくてはならない場面もある。

タウンカフェの場合も、店舗設計の段階で予算不足になり、小箱ショップの棚を天然の杉材ではなく合板の材料にする必要があると説明を受けた際に、僕自身が無垢の材料にこだわり、棚板の数を減らしてでも、と独断で方向性を決めた。結果それだけでは足りずに天井塗装をＤＩＹで設計士さんや娘たちと塗ることになったのだが…。

スタッフの雇用の際や、音楽通りや手づくり募金を新たに始める時なども、スタッフやさまざまな方の意見を聞き総合的に判断する場合もあるが、やはり最後はリーダーの直感を信じることも大切で、スピード感を持った経営判断が必要な局面もでてくる。もちろんこうした判断は、日々現場にいて、肌でお客様やスタッフの様子を感じているからこそ分かるものだと思う。

6　リーダーにモノ言えるヒトはいますか？

全国各地で活躍しているコミュニティカフェのリーダーとお会いすると、その感性の鋭さや地域を想う気持ち、まちの課題解決に対する強い情熱など、それぞれスタイルの違いはあるものの「熱気」とも思えるような強い想いを感じ取ることができる。強烈な個性の持ち主だからこそ、事業の仕組みも制度もないなかでリスクを負ってまでコミュニティカフェの運営に取り組めるのであろう。

このような成功しているコミュニティリーダーたちのかたわらには、必ずと言っていいほどリーダーにモノ言える立場の人がいる。

冷静で知性派の番頭さん的な事務局長だったり、情熱と愛を持ってリーダーにははっきりと意見を言える同志であったり、諭すような役割のスタッフ

国土交通省のまちづくり月間表彰　まちづくりフォーラム港南代表名和田是彦氏（左）、元横浜港南台商店会会長 故・稲村昌美氏（中央）、著者斉藤（右）

だったり。また年長者である地域活動や自治会の役員などのケースもあるだろう。立場やスタイルは多様ではあるが、こうしたイエスマンではない人たちの存在は、非常に大きな役割を担っていると感じる。

現にタウンカフェの場合も、まちづくりフォーラム港南代表の名和田是彦さんや、スタッフでもあり地元でプレイパークの代表を務めている岡野富茂子さん、そして数年前にお亡くなりになったが元商店会長の稲村昌美さんなどの存在がなければ14年も続くことはなかったと感じる。

しかし、こうした貴重な方々の存在も大切ではあるが、それを聴く耳を持つリーダーの資質も同時に重要であることは間違いないだろう。

5 経営について考えてみる

社会性と事業性のバランスをどう保ちますか？

地域の課題解決やニーズを満たすための一つの手法として、コミュニティカフェという場や機能が有効であることはこれまで述べてきたとおりである。しかし、こうした公益性や社会性が高い事業や活動は、収益につながりづらい側面を持っている。高齢者の介護や障害者の就労支援、保育など制度化されている事業であればともかく、コミュニティカフェで行っている事業は制度では担えない狭間の支援や活動であることがほとんどだからだ。

都市部の場合、地代家賃などが高いうえに、地域ぐるみで稼いで地域活性化しようという動きが少ないこともある。まちづくりや地域活性化はボランティアで担ってきた経緯やそうした文化が根付いていたり、生活にゆとりがある層が多いこともあるのだろうか。市民参画のまちづくりを進めるうえで「事業」や「ビジネス」という言葉にアレルギー反応を示すケースもあるようだ。

一方、小さな町や村の場合、市場が小さく、顧客や担い手が少ないという課題がある反面、商工会や観光協会、行政なども地域経済活性化のためにこうしたコミュニティビジネスを推進しているので、雇用創出や地域資源の活用、来街者や交流人口の増加、Uターン、Iターンへつなげる政策と融合して支援する体制が整いやすい傾向にあると感じる。

いずれのケースでもコミュニティカフェを行う場合、地域課題やニーズに対応するためのミッション＝社会性と、きちんと採算をとって持続可能な事業モデルとするための事業性とのバランスを取ることは難しい。

とくにボランティアグループから立ち上がった事業の場合、収益は二の次でとにかく必要な活動を提供しなくては、と事業予算策定や資金調達もそこそこに事業を始めてみたり、補助金頼みの依存的な状況で運営したり、また代表者がかなり無理をして出資したりすることがある。その結果数年で経営が立ち行かなくなるケースも多い。

一方で、収益ばかり追い求め、地域での必要性や、当初のミッションや方向性を見失うケースもある。分厚い事業計画書や立派なプレゼン資料はできあがるが、地域の現状をきちんと把握して取り組む努力を怠ると、誰のための何

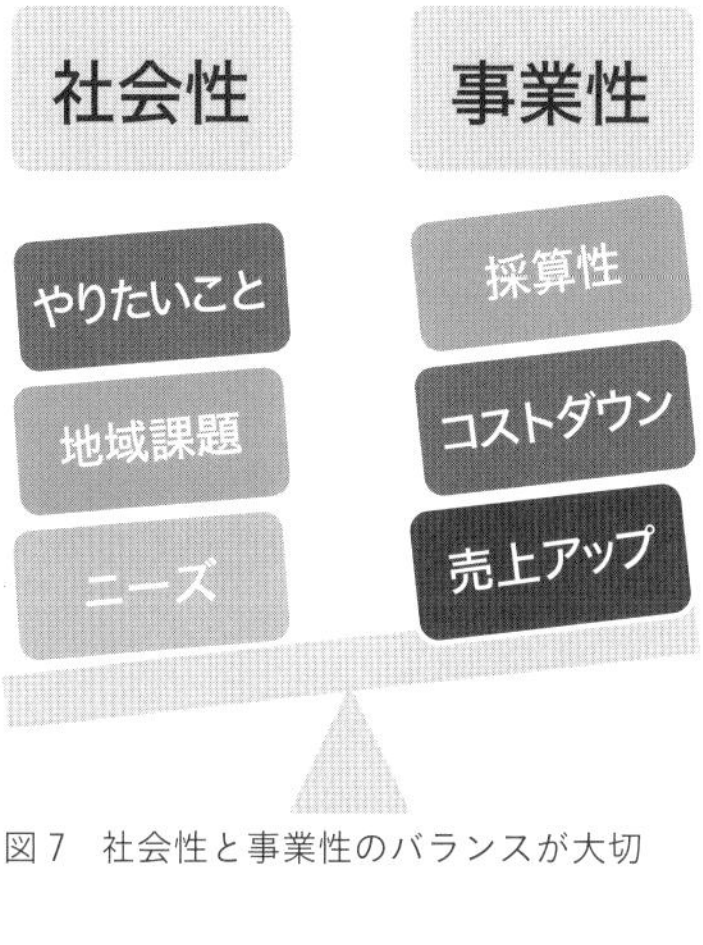

図7　社会性と事業性のバランスが大切

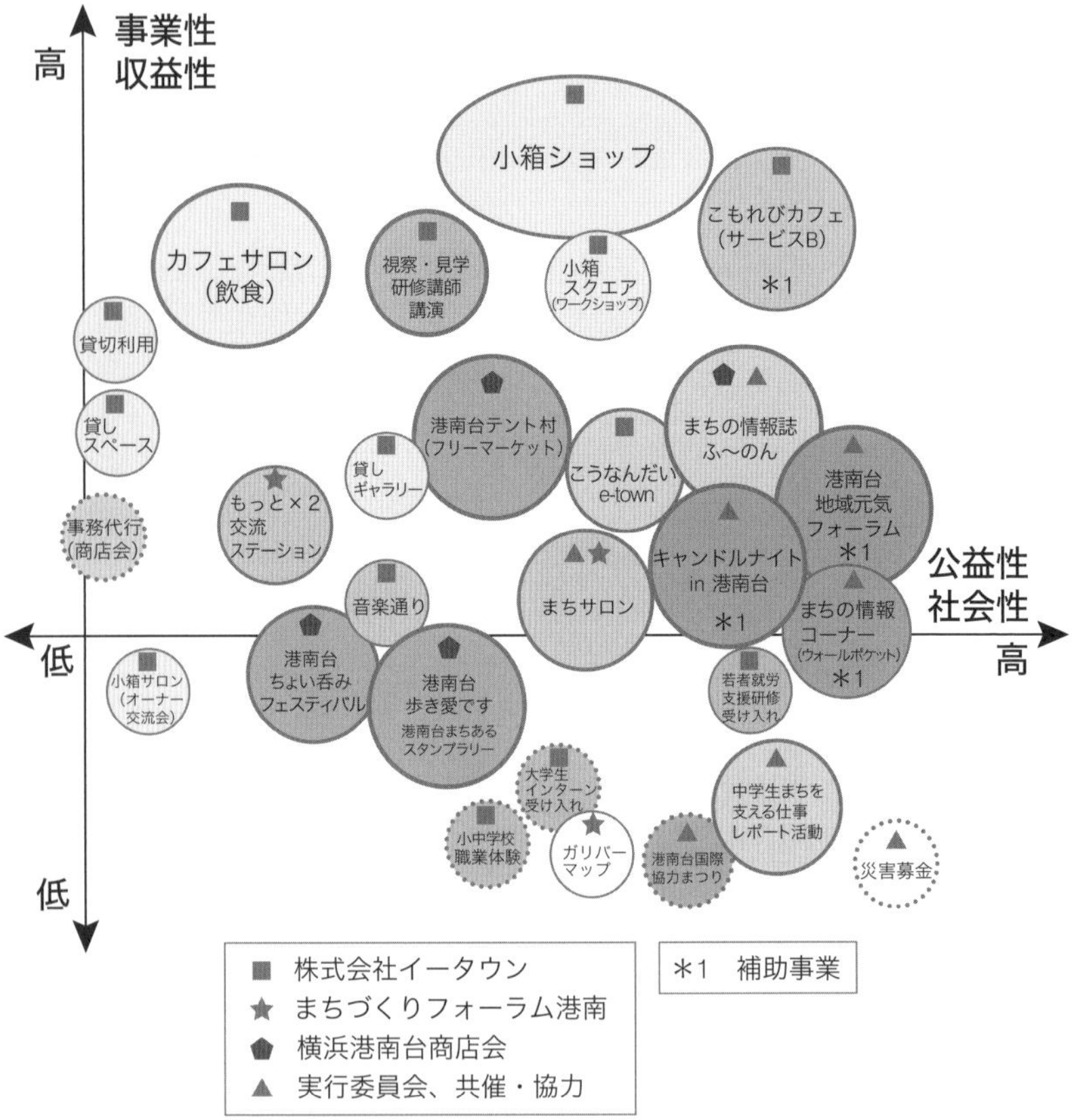

図8　港南台タウンカフェ事業の社会性と事業性のバランス
採算がとれない事業もあるが、全体としてバランスが取れていることが分かる。

の事業かが分からなくなり、顧客はもちろん賛同する仲間や支援者の協力も得られないという結果を招くことになるだろう。

2 利益を生み出す方法を考えよう！

■利益を上げる方法は2つしかない

コミュニティカフェの講座などで事業性の講義を行うと、よく「非営利活動だから」という言葉を耳にする。しかし、地域に必要なコミュニティカフェであっても、家賃などの必要経費を払っていくからには適正な利益を得ないことには継続できない。それは関係者にさまざまなカタチで迷惑をかけることになるうえ、利用者にとっても大切な居場所や地域参加の機会を失うことになり大きな損失である。まして公的な支援や補助金などを活用した場合はなおさらである。

つまり採算性をきちんと確保して継続して事業を行う必要があるのだ。事業で利益を上げる方法は、売上を上げるか、コストを下げるかの2つしか方法がない。売上を上げるためには、客数を増やすか、客単価を上げるか。コストを下げるためには単価の安い素材を使うか、光熱費や人件費などのコストを削るか、食材ロスなどを減らすかしかない。

■コミュニティビジネスならでは収益性の確保

コミュニティカフェの場合、どちらも難しいのが現状である。特に客回転数を増やして売上を上げるのは、関係づくりを大切にするミッションに逆行する。また、一人でも多く利用してもらおうとすると、狭いテーブルで窮屈な席を設けたり、無駄と思われがちな収益性の低い情報コーナーやギャラリーなどを排除してしまうことになる。

ではどうすれば良いのだろうか？

コミュニティカフェの場合、こうした「売上アップ＋コストダウン」の一般的なビジネス手法以外に活用できるさまざまな手法がある。たとえば、収入面で考えると、客数や客単価を増やす以外に、補助金や助成金の活用、寄付、会費収入などさまざまな資金調達の方法がある。

一方コスト面で考えると、地域性や公益性の高い事業の場合、大家さんなどの理解で、保証料や敷金、家賃などの減額や免除をしていただけるケースがあるかもしれない。人件費についても有償スタッフだけではなく、ボランティアとして協力していただける人材に恵まれたりもする。さらには地元農家さんや漁師さんなどの理解や協力により、規格外の野菜や魚介類などを格安で分けていただき、原材料費を削減できる場合もあるだろう。また企業の地域貢献活動として、物品の提供や寄付などを受けられる場合もある。

ふらっとステーション・ドリームの場合、地域の住民たちが菜園で採れた野菜などを持ってきて、ランチの食材として利用している。

ジュピのえんがわでは、建物の改修費などを区役所から3年間「お茶の間支援事業」という補助金250万円を得て運営を軌道に乗せた。

タウンカフェでも、神奈川県建具協同組合の協力で、店内にテーブルや椅子を設置し初期コストを抑えている。

まち家世田米駅の場合、町が買い取った古民家を指定管理者として運営することで、改修費や家賃負担なく、業務委託を受けて運営できる仕組みとなっている。

つまり、売上を上げることと、コストダウンする事業者としての努力は怠ってはいけないが、コミュニティビジネスの場合それだけでは難しい側面がある。一方で適正に地域社会にその必要性を問いかけることで資源を得られる可能性も高い。

3　プロとしての自覚と誇り：善意での事業は続かない

「私たちは地域に必要なことをしているから、コーヒー3千円で飲んでいってよ〜」。

もしこう言われたらどうするだろうか。その活動に価値を見いだせて共感できれば、寄付のつもりで1杯コーヒーを飲むかもしれない。しかし毎週のように通う人はどれぐらいいるだろうか。

善意で地域貢献のために活動を行うことはとても大切であるが、だからと言って誰もが高額のサービスを受け入れてくれるとは限らない。もし3千円必要なのであれば、コーヒーを500円にして、別途寄付や会費などで気持ちのある方からサポートを受けるシステムにすべきであろう。

逆に素人だから、ボランティアだから、地域活動だからといった理由で遠慮がちになって、適正な価格設定ができないケースもよく見かける。コーヒーが50円ではかえって申しわけない気持ちになって、いつも通うには気が引けてしまうだろう。適正な対価をいただけるように、ハンドドリップの研修を積むなり、付加価値をつけたり品質の高いコーヒー豆を挽くなど、いろいろな方法を考えるべきである。

さらには客席や食器、照明、音楽なども見直してみるだけで価値がぐっとあがる。こうして同じコーヒー一杯でもプロとして誇りを持てるようなスキルや設えにすることで、自信を持って収益性を上げることが可能になる。

4　さまざまな事業モデルを考えよう：飲食以外の事業形態から経営を考えてみる

コミュニティカフェといっても、飲食にこだわる必要性はない。しかし最低限お茶を飲んでくつろいでもらうスペースや機能がないとカフェとは呼べないし、コミュニティの機能を果たすことは

魅力的なハンドメイド作品が並ぶ小箱ショップ

難しい。ここでは、飲食以外の事業での運営について考えてみよう。

■多様な事業形態

コミュニティカフェでも、地域の居場所やコミュニティづくりのために、さらには事業の収益を安定させるために、飲食以外にさまざまな事業の手法も検討してみると良い。

まち家世田米駅の場合、飲食を提供するレストランもあるが、町から指定管理を受けて委託費があるため、安定した収入の一部になっている。

みやの森カフェは、就労支援のサポートなどで企業等からの委託収入がある。

こまちカフェは、ハンドメイドの小箱ショップ(hako＋)に加えて、商店街の事務局業務委託や、子育て支援拠点の情報発信事業での業務委託なども大きな収益源となっている。

タウンカフェの場合も、飲食以外に小箱ショップや貸しスペース、ギャラリー、イベント出店、事務局業務委託、行政との協働事業がある。
ふらっとステーション・ドリームでは、高齢者の介護予防の事業などを幅広く展開している。

■小箱ショップというビジネスモデル

ここでは、タウンカフェで収益源の柱となっている「小箱ショップ」について詳しく述べてみよう。小箱ショップ（以下「小箱」）は、レンタルボックスや棚ショップと呼ばれることもあり、多くのコミュニティカフェで取り組んでいる事業でもある。作家さんがレンタル料を支払って棚を借り、趣味や特技を活かしたハンドメイド作品を展示販売できるシステムだ。お客様への販売は委託契約で店舗側が行うため、子育てや介護、仕事などで忙しい方でも空いた時間を活用して出店できるという魅力がある。

タウンカフェの場合、毎月の利用料は2800円～5600円（小箱のサイズ・場所によって異なる）、販売手数料が20％。自身で店舗を持ったり、レンタルギャラリーなどを借りるよりも遥かにハードルが下がることから、多くの作家さんに利用されている。開設時は35棚程度だった小箱も、開業2年目には60棚すべてが埋まり、キャンセル待ちが30名を超える状況になったため、80棚に増

ステキなハンドメイドの作品たち

設した。以降も小箱の稼働率は95%を常に上回っており、キャンセル待ちの作家さんも常時20名以上という人気ぶりだ。

小箱は、ある一定数の作家さんが集まり、ステキな作品が常に展示販売されていることにお客様が魅力を感じて来店し、購買してくれることで循環するモデルである。

しかし、ただ棚が設置されていれば良いわけではない。店舗の展示棚の素材やデザイン、照明、ディスプレイやPOPデザインなど、運営側のプロとしての店づくりは好循環を生むのに大切なポイントとなる。さらには、作家さんの居場所機能や参加意欲などを高めることで「モノの流通」から「ヒトの交流」の場となり、この〝つながりづくり〟が小箱の大きな価値となり、一方で経営も安定する仕組みとなっている。

■スペース貸しのビジネスモデル

多くのコミュニティカフェで取り入れている事業スタイルが、スペース貸しである。店内のある一定のスペースや、営業時間外などに空いている空間を有効活用する方法だ。

小箱作家さんたちの展示販売会の様子

定休日や夜間を別の団体や事業者などに有料で貸し出すことで収益があがり、地域ニーズに応えられる。

キッチンも含めて店舗全体を貸し出すワンデイシェフという仕組みを取り入れているところも多い。こうしたスペース貸しは収益源となるだけでなく、空き時間やスペースの有効活用となることや、何よりも利用する地域の方々や団体との関係づくりにもなる可能性を秘めている。

こまちカフェでは、スペース貸し専用の部屋があり、イベントやセミナーなどに活用されている。まち家世田米駅にも自由に使えるスペースがあり、予約しておけば会議や勉強会などを行うことができる。いずれも有料である。

タウンカフェでも同様のシステムがあるほか、夜間や定休日は貸し切りとしてセミナー、勉強会、音楽会等に活用されている。

5　資金調達のいろいろ

事業を始める際には、必ずと言っていいほど資金調達の課題や悩みがでてくる。とくに新規創業・起業の場合は、潤沢な原資がないケースが多い。一般のビジネスの場合は、事業プランや過去の業務実績や経験などをもとに銀行や信用金庫、政策金融公庫などの金融機関から融資を受けたり、知人等を頼って出資を募るケースが多い。

■コミュニティビジネスならではの資金調達

コミュニティカフェの場合、とくにNPO法人や任意団体の場合、出資という考え方が馴染まず、また金融機関からの借入も実績や事業プラン、そしてある一定の自己資金を持っていないと難しい。ただコミュニティビジネスの場合は、こうした融資や出資だけに頼ることなくさまざまな資金調達の可能性を持っている。たとえば、寄付や会費、メンバーからの借入、疑似私募債[*1]といった資金調達の方法や、後述のように補助金や助成金などの活用も考えられる。

寄付や会費については、その事業の意義や地域課題、ニーズ、取り組みの社会に及ぼす影響など十分に理解してもらうことが重要で、詳細な情報を掲載した案内パンフレットやウェブサイトでのPRも必要である。

また最近では、クラウドファンディングなどで広く社会に訴求してより多くの寄付を集めやすい環境が整っている。パンフレット等に寄付者の名前や企業名が掲載されたり、リターンとなるドリンクチケットや限定グッズなどを期待する利用者も多いであろう。しかしそうした目先のメリットなどだけでは訴求力が弱く、やはり最後は、団体の目指すミッションや取り組む地域課題への共感、そして何よりも代表者をはじめとするコアメンバーの信頼性が物を言うのだ。

これはメンバーや地域の方からの借入や疑似私募債なども同様である。利子やリターンを求めて資金提供しているわけではなく、その想いやアクションに共感、賛同しての行為がほとんどであろう。

そのためには、ミッションやビジョンだけではなく、きちんとした採算性を確保できる事業プランや予算書が必要であり、その根拠もそろえておく必要がある。つまり、地域や行政との連携や地域ネットワーク、ボランティアなどの人材、そして収益を上げられるだけのストーリーが必要なのだ。

■補助金や助成金の活用も考えてみる

補助金や助成金の場合は、行政や助成団体・企業などが審査を行うことが一般的で、事業の目的や使途が助成金の狙いと合致しているか、社会性や公益性が高いか、地域課題やニーズなどにマッチしているか、組織運営や体制など継続性があるかなどさまざまなポイントで厳しく審査されるため、融資を受ける場合などと同様にきちんとした事業計画書や予算書の作成能力も求められる。

■融資を受けるということ

「借金してまでは事業しない」、という声を耳にするが、むしろ僕は金融機関で融資が受けられるかチャレンジしてみるようおすすめすることがある。

これは補助金と同様、融資の審査はかなりハードルが高い。言い換えると、この審査を通るぐらいの事業プランでないと継続的事業運営ができないおそれがあるということである。つまり借金できないほうが怖いというわけだ。

タウンカフェの場合、自己資金300万円に加えてコミュニティビジネスローンという融資制度で５００万円を借入した。また同時に改装費と2年間の家賃の一部を商店街空き店舗活用事業の補助金で賄った。２０１４年にはキッチン新設のためにクラウドファンディングで約１００万円寄付をいただいている。

ふらっとステーション・ドリームの場合は、立ち上げのコアメンバー6名が１００万円ずつ資金を持ち寄り、横浜市の助成金４５０万円とあわせて立ち上げ資金としている。この６００万円はのちに返済されている。

こまちカフェの場合、ヨコハマ市民まち普請事業というハード整備にかかる費用の助成制度を活用して、５００万円を改装費などにあてることができた。

注

＊1　疑似私募債／少人数私募債という50口未満の少人数に限定された資金調達方法。知人などに、発行した社債を買ってもらうことにより、手軽にできる資金調達の手段の一つ。

6 伝える意識とチカラを身につけよう！

1 ブランドイメージを確立しよう

■ブランドの大切さ

一般のビジネスでもコミュニティビジネスでも、店舗や事業運営を行う場合、コーポレートアイデンティティ（ＣＩ）は重要だ。ＣＩとは、企業文化を構築し特性や独自性を統一されたイメージやデザイン、文章等で表現して存在価値を高めていくことである。つまり想いを文章で表現するだけではなく、ロゴやマーク、キャッチコピーなどで分かりやすく伝えることだ。店舗の看板やサイン、ポスターにリーフレット、ニュースレター、ウェブサイトなど、マークの使用はもちろん、色づかいやデザインテイストなど統一感を大切にブランディングすることが意外と大切である。ウェブサイトやパンフレットは自作したとしても、ロゴやロゴマークなどはコストをかけてでもプロに任せるぐらいの意識が必要だ。

■ＳＮＳの活用

最近では、ウェブサイトやブログなどに加えて、FacebookやInstagramなどＳＮＳの普及で、手軽な双方向のコミュニケーションツールが豊富にある。昨今は70代や80代でもスマホやパソコンで情報収集される方も多いことから、コミュニティカフェの運営者は、紙媒体のニュースレターだけではなく、ウェブサイトやＳＮＳなどさまざまな媒体を駆使して情報発信を行う必要性がある。

これらはＰＲ効果はもとより、地域のキーパーソンやステークホルダーとの関係づくりにもなるので、積極的に活用していきたい。

趣向を凝らしたそれぞれのロゴやロゴマーク、サインなど

■紙媒体の有効性

ニュースレターなど紙媒体も地域エリアのコミュニティビジネスの場合は有効だ。とくにカフェという場があるため、お客様に手渡して説明したり、直接お誘いできるというメリットが大きい。またSNSで「シェア」されるように、こうしたレターなども、「お友だちに持っていくね」と数部お持ちになられることも多い。

ジュピのえんがわでは、カラー刷りの「えんがわ通信」を毎月発行。ボランティアが1300部も近隣の住宅等にポスティングしたり、公共施設等で配架したりしている。

こまちカフェでは、若いママさんたちが主な顧客なのでSNSやウェブサイトが主なツールかと思いきや、カラー刷りのステキな便りを毎月発行して配布している。

こまちカフェが発行する、お洒落で見やすいニュースレター

■各媒体の特性を把握して

それぞれの媒体には特性がある。団体のミッションや基本情報はウエブサイトやパンフレットにきちんと明記しておきたい。日々の動きのあるイベントやトピックスなどは、ブログやSNS、ニュースレターなどで新鮮なニュースとして取り扱うなど情報発信の整理をしておかないと、忙しさばかりになってしまう。その結果、更新や発信が滞り、効果が思うように得られなくなるのは本末転倒なので、十分なプランニングと工程管理や役割分担が必要だ。

2　メディアの活用を考えてみよう

ユーザーの立場に立ったとき、主催者であるコミュニティカフェ自身発の情報と、メディアなど第三者の情報、どちらの信頼性が高いだろうか。メディア媒体にもよるであろうが、「当店では魅力的なイベントやってますよ」と言われるよりも、「タウンカフェのイベントは一見の価値がありますよ！」と第三者に伝えてもらうほうが信頼性が高い。

つまり新聞やラジオ、テレビなどのメディアに記事として取り上げてもらうことで、信頼性の高い情報を、コストをかけず広く効果的に発信できる。

しかしどんな情報でも掲載してもらえるわけではない。

店舗の新規オープンなどニュース性の高い内容であればともかく、通常の店舗営業や事業のPRではあまり期待できないだろう。しかし公益性や社会性の高いイベントや事業で、なおかつ革新性のあるもの、新鮮さのあるものであれば紹介していただける可能性はぐっと高くなる。たとえば、毎週のように開催しているハンドメイド教室より、年に1回の専門家の参加する認知症を考えるフォーラムのほうが告知や記事として掲載される可能性は高い。これらは直接コミュニティカフェの宣伝にはならなくても、団体の想いや取り組みを知っていただく良い機会になる。

注目すべきは、ローカルメディアで取り上げていただいた記事がもとになり、地方紙そして全国紙の地方版に掲載され、業界誌や広域エリアのテレビやラジオに紹介されていくというケースが圧倒的に多いことだ。つまりメディア側も、地域の小さなネタから全国ネタとなる情報を探しているのだから、地元のタウン誌やコミュニティFM、ケーブルテレビ、新聞社等に積極的に情報発信(プレスリリース)をしてみよう。

3　事業の成果だけでなく課題も積極的に発信すべし

コミュニティカフェに限らず、NPOやコミュニティビジネスの場合は、「情報発信」も大切だが、「情報開示」をより重要視する必要がある。寄付者や会員、サポーター、支援者、協力者など地域のさまざまな方の協力のもと事業を行っている以上、その活動の成果や状況をきちんと報告することが求められる。また今後の関係づくりにも重要な影響を与える場合もあろう。

具体的には、年間の事業報告書などがあるが、毎月のマンスリーレポートをメールなどで配信する方法もある。こうした報告には、事業内容だけではなく、そこで得られた成果や利用者数、収支報告などを掲載するのが良いだろう。またひと工夫してスタッフやボランティア、利用者の声や、アンケート結果などを載せるのも効果的である。

またどうしても良い成果ばかりを外部に対して報告してしまいがちだが、運営上の課題や悩んでいることなども掲載してみることを提案する。

公開しづらい内容であれば、会員や支援者限定でレポートしても良い。そうした困り事や課題を共有することで、現状をより深く理解してくれるだけでなく、さらなる協力を申し出てくれたり、周囲に呼びかけてくれるなど積極的な動きにつながるケースも期待できる。さらに自分たちが目指している地域像などミッションを再確認し共有する良い機会ともなろう。

タウンカフェでは、毎年活動報告「あゆみ」を発行している。地域の関係者やご寄付をいただいているサポーターの方々へお渡しして、活動内容や、収支状況などを共有している。

芝の家では、日々の活動記録を克明に記録して年間報告書としてまとめ、行政と共有している。

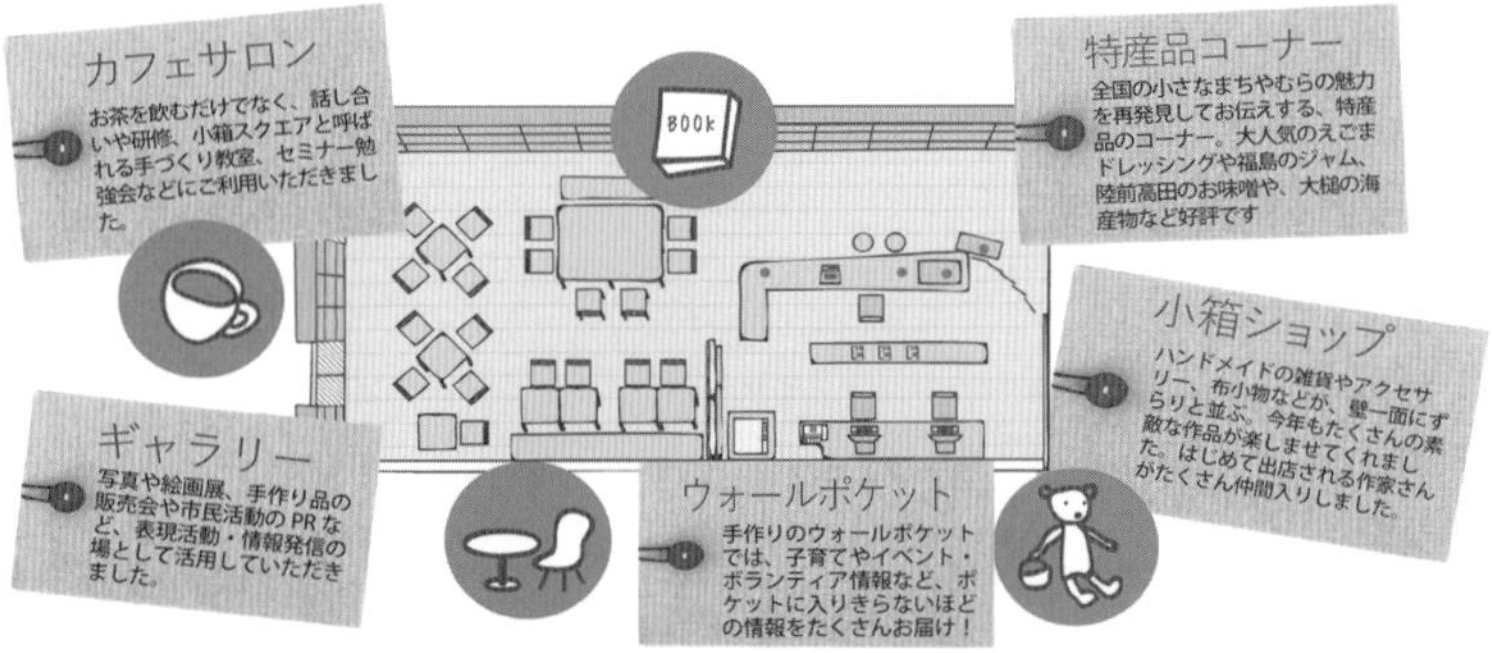
カフェサロン
お茶を飲むだけでなく、話し合いや研修、小箱スクエアと呼ばれる手づくり教室、セミナー勉強会などにご利用いただきました。
BOOK
特産品コーナー
全国の小さなまちやむらの魅力を再発見してお伝えする、特産品のコーナー。大人気のえごまドレッシングや福島のジャム、陸前高田のお味噌や、大槌の海産物など好評です
小箱ショップ
ハンドメイドの雑貨やアクセサリー、布小物などが、壁一面にずらりと並ぶ。今年もたくさんの素敵な作品が楽しませてくれました。はじめて出店される作家さんがたくさん仲間入りしました。
ギャラリー
写真や絵画展、手作り品の販売会や市民活動の PR など、表現活動・情報発信の場として活用していただきました。
ウォールポケット
手作りのウォールポケットでは、子育てやイベント・ボランティア情報など、ポケットに入りきらないほどの情報をたくさんお届け！

事業収益の状況

（2017年度）

港南台タウンカフェは民設民営の自主的な事業としてまちづくり活動を行っています。行政からの補助金は全体の約10%程度で、自立的な運営を目指しています。最近では地元の市民・事業者からのご寄付（サポーター制度）も増えてきています。

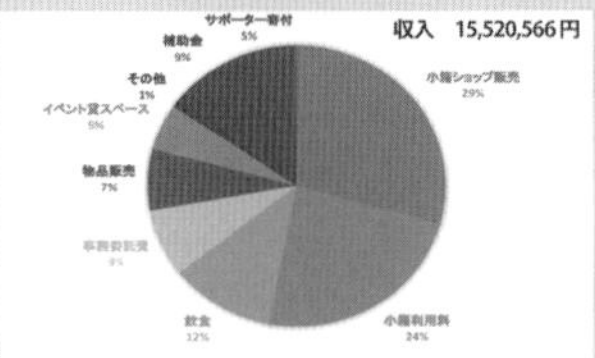
収入　15,520,566円
小箱ショップ販売 29%
小箱利用料 24%
飲食 12%
事務委託費 9%
物品販売 7%
イベント貸スペース 5%
その他 1%
補助金 9%
サポーター寄付 5%

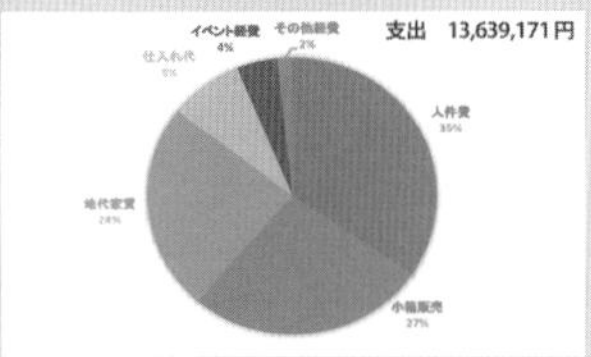
支出　13,639,171円
人件費 35%
小箱販売 27%
地代家賃 24%
仕入れ代 8%
イベント経費 4%
その他経費 2%

サポーター募集

市民や団体が主体的に取り組む、公益性の高い港南台タウンカフェの活動や事業を支えるため、運営の資金的支援をお願いしています。

■費用の使途：
市民レポーター養成／ふ〜のんや便りの発行／地域情報サイト「こうなんだい e-town」運営／人材育成研修など

■サポート費用　一口 1,000 円（年間）
＊複数口も歓迎＊団体・企業は 10 口以上でお願いしています。☆別途資料があります。
詳細はお問い合わせ下さい。

タウンカフェサポーターのみなさま

・サポーター法人
㈱SUISHAYA
㈱せんざん
㈱住宅リフォーム神奈川

・サポーター個人
川崎治美、関水さやか、杉山厚子、林田典子、篠崎桂子、野口幸子、川嶋庸子、相場正史、村田尚子、柴田仁夫、村上佳江、高嶋賢一、杉浦眞知子、佐藤大伍、小林秀徳、渡辺ひとみ、大塚宏、藤井照子、西村淳一、匿名希望 3 名（順不同・敬称略）
＊2018 年度（2018.12 末現在まで）のご登録

活動を支えて下さりありがとうございました☆

数字でみるタウンカフェの1年

（2017.10 〜 2018.9）

13 年目の活動を支えた時間

ボランティア活動時間
738.5 時間　合計

港南台テント村
開催 1 回
出店数 92 店
（フリーマーケット出店数／キッズフリマ含む）

視察・研修講師
38 回

DATA

●運営
・株式会社イータウン
・横浜港南台商店会
・まちづくりフォーラム港南
3団体が連携協力して港南台タウンカフェ事業運営を行うとともに、事務所をタウンカフェ内に設置して、地域交流・地域活性化活動を実践。
●面積　72.73㎡（約22坪）
●開設　2005年10月15日
●事業　小箱ショップ／カフェサロン／貸しスペース／貸しギャラリー／情報発信／まちの事務局機能／港南台テント村などのイベント企画運営／タウンシェフ養成（人材育成）

●運営スタッフ
・有償スタッフ　6名
・ボランティアスタッフ　約12名登録

●港南台タウンカフェ運営コスト
年間事業高：15,520,566円（2017年度売上）
内訳
・補助金　：1,460,000円
（港南区民活動支援センターブランチ事業）
・サポーター：760,000円
（2017年度タウンカフェサポーター）

横浜市港南区港南台4-17-22 キタミビル2F　TEL：045-832-3855　FAX：045-832-3864　http://www.town-cafe.jp

2018.3

港南台タウンカフェの年間活動報告書
事業や活動紹介のほか、収支決算報告なども詳細に記載している

published 2019

comachi plus 2018 Annual Report

2018年度もたくさんの方々のお力添えで活動を推進することが出来ました
ありがとうございました

こまちぷらすのあゆみ

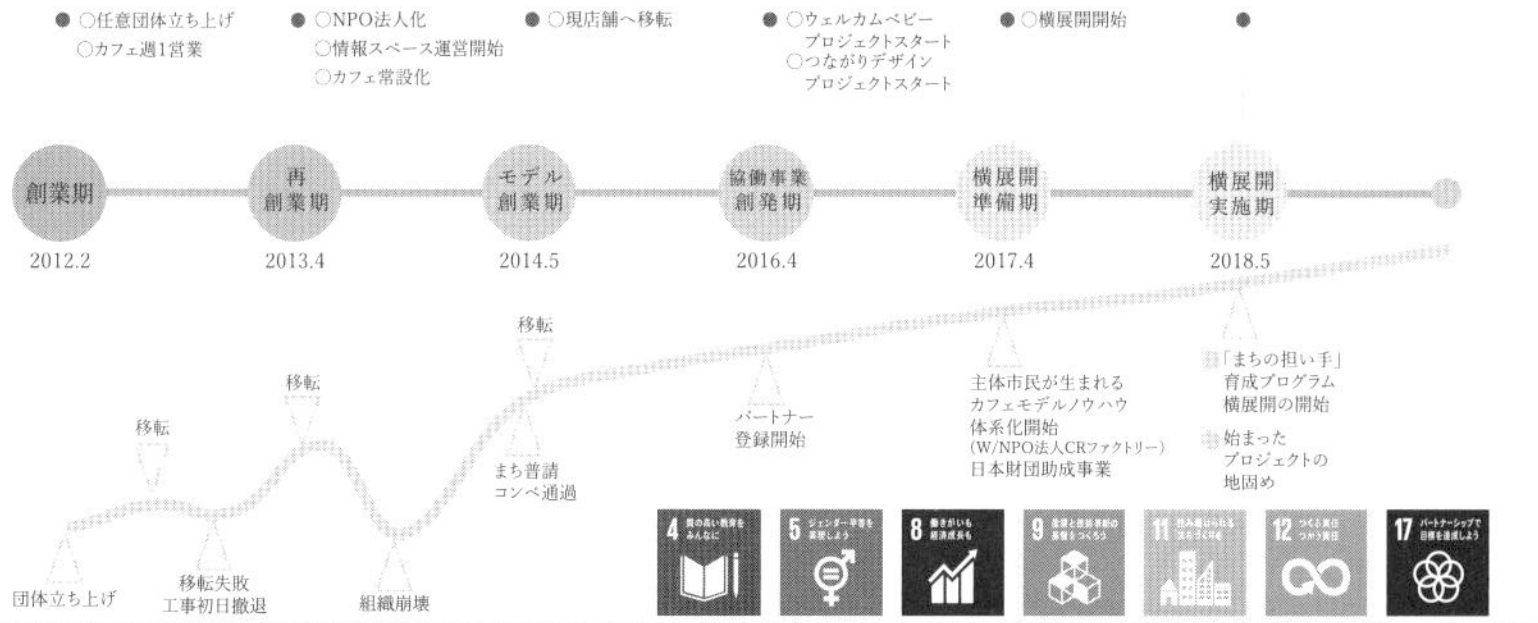

こまちぷらすとは

Vision ―私たちが目指している社会―

子育てが「まちの力」で豊かになる社会へ

Mission ―私たちの役割―

孤立した子育てをなくしそれぞれの
人の力が活きる機会をつくる

Strategy ―目指し方―

- 企業や行政、地域の方々と共に
「集まった声」をもとに事業を生み出し、
既存のインフラに埋め込み、次世代に残す。
- "まちの担い手"を育む場の創造に挑戦し、
成長しつづける事業者である。
- Think global, act local
(グローバルに考え、ローカルで行動する)

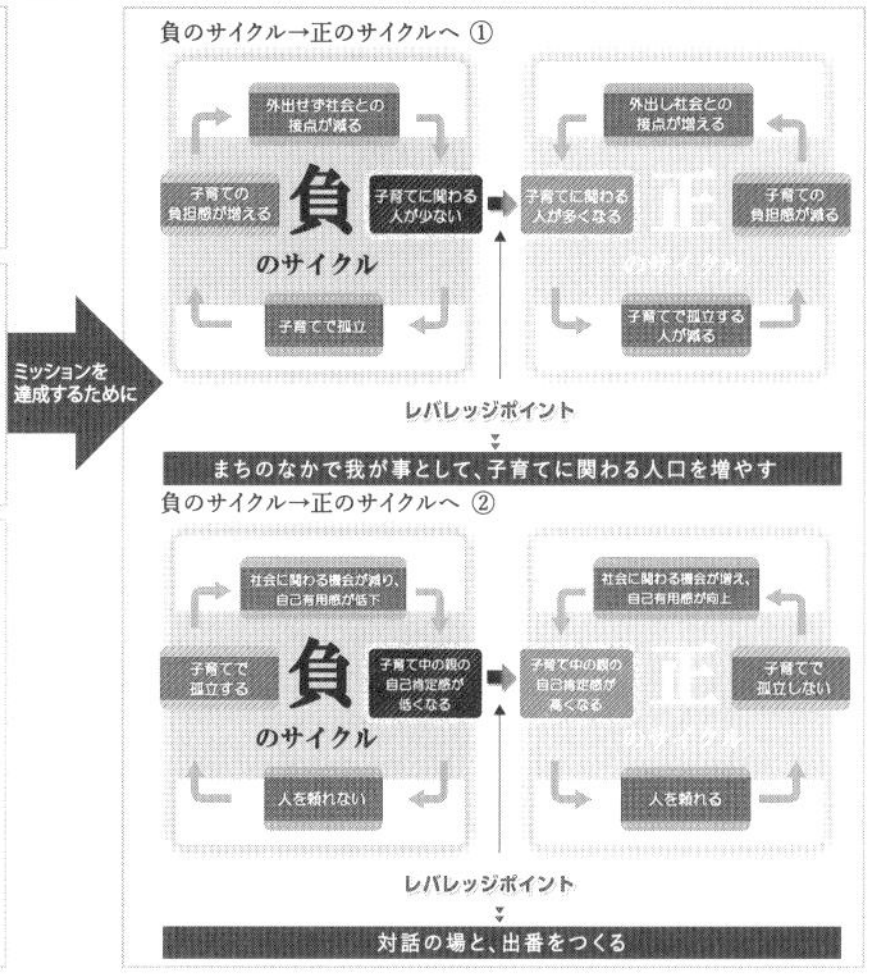

こまちカフェを運営する、認定NPO法人こまちぷらすの年間事業報告書
こまちカフェでは、アニュアルレポートとして、事業や活動の報告を持ちより、パートナーさんやスタッフが参加して実施した参加型評価の成果なども詳細に掲載し、収支状況も過去数年間にわたって記録している。

7 響き合うポイントを大切に：連携そしてコーディネート機能

自分たちだけでは成り立たない

コミュニティカフェが一般のカフェと一番大きく異なっている点は、地域のさまざまな人や団体などとの関係性であろう。地域の課題解決に取り組むミッションに賛同し、共感していただける住民や団体、企業そして行政などさまざまな関わりやつながりがあって初めて成り立つのがコミュニティカフェである。

一見面倒で手間ばかりかかるようだが、小さな団体やカフェだけでは解決できないさまざまな地域課題と向き合い、事業として運営するためには、相互支援しあう関係づくりが必要だ。

地域の理解が深まり協力関係が築かれていれば、結果的に関係者がお客様にもなり、おのずと利用者も安定的に増えていく。つまり関係性が集客にも一役買うことにもなる。

ハートフル・ポートでの、おせっかい的なコーディネートはまさしく地域や住民のニーズを引き出し、必要な機能につなげ、それが自分たちの課題解決につながる取り組みや仕掛けとなっている。

まち家世田米駅での行政との関係づくりや農家との信頼構築も、こうした町や地域への想いをカタチにするプロセスのなかで自然に培ってきた関係づくりであろう。

こまちカフェでの「ウェルカムベビープロジェクト」も、賛同する企業やサポートする行政の理解があって大きな動きとなっている。

こうした地域連携が、コミュニティカフェの目指すべき多様な参画を育む地域社会づくりになる可能性を持っている。

2 専門的な広域ネットワークづくり

もう少し視野を広げて市域や県域での専門機関や中間支援組織、コミュニティカフェ相互の関係づくりについても触れてみたい。

■専門家や中間支援組織との連携協働

コミュニティカフェは、運営サイドとしては地域課題解決やまちづくりの視点を持って取り組むのだが、どうしても地域では一般のビジネスと同じように捉えられ、理解が得られにくい。類似事例がないことも理解を妨げる要因になっている。支援機関や行政なども、担当者レベルで理解があっても、先行事例が少なく支援などを制度化しづらい状況がよくある。

こうした場合、他の地域であっても同様の事業を実施している団体や、支援している組織などとの関係性は大きな力になることが多い。

タウンカフェの場合、神奈川県域のNPOをサポートする中間支援組織「まちづくり情報センターかながわ（通称アリスセンター）」の職員だった川嶋庸子さんとのお付き合いがあった関係で、もくもくSTUDIOの設計士である石井啓介さんを紹介していただき、神奈川県産材を使った内装を実現できた。これがその後も大きな財産となっている。

また当時認定NPO法人市民セクターよこはまのスタッフとしてヒアリングを行っていた石井大一朗氏（現宇都宮大学准教授）との関係があったので、その後、横浜市のコミュニティビジネス支援事業に関わることになり、地域サテライト拠点としてコミュニティカフェのサポートを行う立場に成長する機会をいただいた。

行政との関係では、当初区役所ではなかなか理解が得られなかったが、市や県の経済局など商店街振興部署で商店街活性化として補助やサポートをしていただくこともできた。その後、港南区とは区民活動支援センターブランチ事業の前身となる「まちかど交流ステーション事業」を協働で行うことになった。

こまちカフェでは、日本財団の助成事業として、NPO法人CRファクトリーと連携して、「主体市民が生まれるカフェモデルノウハウ体系化事業」を行い団体の成長につながっている。

みやの森カフェの加藤さんは、前職の富山ＹＭＣＡでの「Y'sさくらカフェ」時代に「富山コミュニティカフェ&居場所ネットワーク」の中心メンバーとして、富山県内のコミュニティカフェを回って取材し、日本財団の助成事業として公益社団法人長寿社会文化協会と連携してガイドブックを制作した。それが、その後の地域ネットワーク拡大のきっかけともなった。

■横浜でのコミュニティカフェネットワーク

２０１４年、横浜市内のコミュニティカフェ運営者や支援者などで構成される横浜コミュニティカフェネットワークが設立された。これは、ふらっとステーション・ドリームの代表であった故・泉一弘さんの呼びかけによるもので、泉さんと一緒に僕も共同代表として、20を超えるコミュニティカフェが相互にネットワークを持ち、交流や学び合いの機会を持てるように動き出した。

２０１５年から3年間は、横浜市市民局との協働事業で、「ｃａｆｅ型中間支援創出・普及・強化事業」を実施した。これは、コミュニティカフェが持つ中間支援機能に着目して、コミュニティカフェの調査や事例検討会、伴走会議、フォーラムの開催などの支援事業を通して、その現状把握をし、成果や課題を洗い出すとともに、今後の政策提言などを行った取り組みである。

3　地域連携は積み上げていくもの

このようにコミュニティカフェが地域ニーズに対応し、課題解決に取り組むときには自分たちのノウハウやネットワークだけではできないことも多い。そうした場合、さまざまなセクターの地域団体や行政などと連携協力を行う必要がでてくる。

しかし、事業開始時から絵に描いたような地域連携などできるはずもない。「こんな課題を解決するために、みなさん集まってください」「こうした役割分担をするのでよろしくお願いします」では誰も動いてくれない。

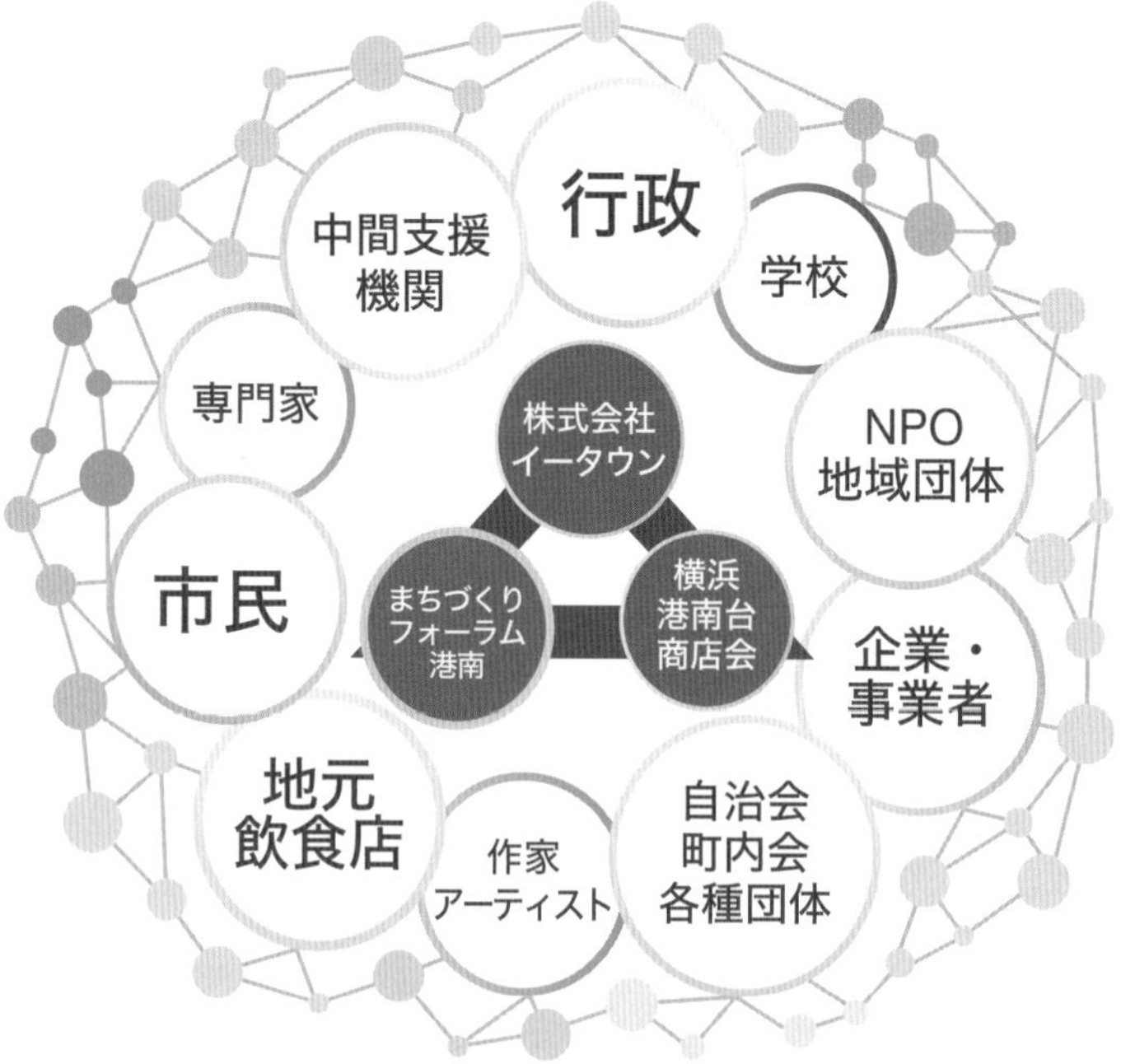

図9　タウンカフェ地域連携図

タウンカフェでも他のコミュニティカフェでも、その地域の関係を紐解いていくと、ほとんどが個々の信頼関係や共感から小さな一歩が動き出し、その延長線上に結果として組織としての連携や協働が成り立っているのである。

図9のようにタウンカフェはさまざまなジャンルの人や団体と網の目のようにつながって活動しているが、この地域連携図も、当初からこうしたものを理想として描いていたわけではなく、点と点が線でつながり、その関係が繰り返され、豊かな関係性が築かれてきた証なのである。

カフェでの日常的なやりとりやイベント、情報誌発行といった日々の活動が、信頼関係のベースとなり「誰か一緒にやりませんか」に呼応する人や組織を生み出していくのである。

4 連携・協働のポイント：行政・企業との関係づくり

■連携協働のメリットは多い

連携や協働のメリットは、なんと言っても相互のチカラを活かし合うことでより多くの成果が上げられることだ。

たとえば、まちの情報誌「ふ〜のん」は商店会とタウンカフェが協働で発行しているので、地域からの信頼を得ることができ、中学生レポートなどの実現にもつながっている。資金的な部分では、商店会や行政からの補助金の役割が大きいが、思いのある地域住民が生き生きと力を発揮して地域から愛される情報誌を生み出しているのは、タウンカフェのコーディネートがあればこそである。

２０１６年、パークタワー新川崎という大型のタワーマンションの1階商業スペースの一角に、港南台タウンカフェの姉妹店「新川崎タウンカフェ」がオープンした。

そのマンション建設にあたって、マンションデベロッパーの三井不動産レジデンシャル㈱は、地域住民や商店街など地域とのつながりづくりの機能を盛り込むことができないかと、タウンカフェの事例を参考に検討されていた。そこで地域でコミュニティカフェを運営するための準備として、イータウンと協働で担い手発掘やニーズ調査、フォーラム開催などのさまざまな取り組みを実施した。結局地域で団体を立ち上げるまでにはいたらなかったが、三井不動産レジデンシャル側が店舗スペースの提供やハードの設備投資を行い、新川崎タウンカフェが誕生し、イータウンが運営を担うことになった。今では店長やスタッフをはじめ多くのボランティアや小箱ショップの作家さんたち、ハッピーサロン実行委員やまちの情報誌「まちのおと」編集ボランティアら、地域住民が中心となって自発的な運営ができるようになり、すっかり地域密着型のコミュニティカフェとなった。港南台タウンカフェとは姉妹店ながらもまた違った個性を存分に発揮している。

■連携の難しさと課題

こうした連携協働事業は、ミッションや組織の成り立ちなどが違う団体同士、それも地縁系の団体や、株式会社などの営利企業、ミッション重視型のＮＰＯなどが一緒に取り組むために、ときにはさまざまな思いのズレが生じることも多い。

そうならないためには、きちんと対等な立場で想いを共有し、その取り組みが双方にどんなメリットや価値があるのか、逆にどんなリスクやデメリットがあるのか、それぞれの責任の範囲などを丁寧に話し合う必要がある。

団体ごとに取り組みのスピード感や意思決定のプロセスは異なり、一朝一夕には理想的なスタイルになるはずがない。誠意を持って信念を確認しつつ粘り強く、なおかつ相手の立場を考え聴く耳を持ち共感度を高めていく努力をする必要がある。

■第三者の役割が重要

そうした自助努力だけではうまく成立しないケースをこれまで多く見てきた。そこで重要なのは、フラットな立ち位置を持つ信頼のおけるアドバイザーやコーディネーターなど第三者の存在ではないだろうか。地域の方でもいいし、中間支援組織や行政の職員、学識経験者など、より客観的な視点で調整してくれる方であればさらに望ましい。最近では横浜市のヨコハマ市民まち普請事業など、補助金申請の過程でコーディネーターを付ける仕組みが

図10　協働・連携の四つのポイント

あるほどだ。まちづくりセンターや市民活動支援センターなどでも無料の相談やコーディネーター派遣などを行っているケースもあるので、積極的に活用するといいだろう。

僕自身もこれまで20件以上のコミュニティカフェ立ち上げや運営のコーディネーターとして活動してきたが、やはりどこのコミュニティカフェでも、組織内のコミュニケーションに加えて、他団体や行政との調整機能の必要性が大きいと感じている。

5　コミュニティカフェがまちの中間支援機能を担う

タウンカフェは、開設前から地域の有志が集まり「交流交差点」という名称でコミュニティカフェ的な場づくりについて約3年間検討を重ねていた。そのなかで、自分たちの居場所機能やまちづくり活動を推進することも大切だが、地域のさまざまなボランティア団体やＮＰＯなどの活動がより良くなっていくように「相互支援」の役割を担うことも大切だと考えていた。

当時行っていた、まちフォやｅ－ｔｏｗｎの活動自体も公益性が高く地域や社会のためになるので、それらの活動をより太く強くすることも大切だ。だが、同じように、地域のために取り組んでいる多くの団体やグループが課題を持ちながらも頑張っている。そうした団体同士が一緒に考え高めあうような場が、理想の「交流交差点」だと思っていたからである。

それにはただ「場」があれば良いのではなく、いろいろな人や団体同士を紹介したり、相互理解を深める機会を設けたり、一緒に考え学び合う場を設けたりすることが大事だと考えた。地域団体が情報発信できる情報ラックやポスター掲示コーナーの設置や、ポータルサイト、まちの情報誌(かわら版)発行などでの情報面での支援や、ガリバーマップやまち歩きなどの地域交流イベントなどもそうした意識から始めた活動だ。

そんな仕掛けが十分効果を発揮するためにも、おせっかい的な役割を担うコーディネーターの存在が必要だと強く感じている。

コミュニティカフェは、地域の人が気軽に訪れ安心して過ごすことができる居場所機能がベースである。そこで過ごすことにより知り合いも増え、つながりも生まれてくる。そしてちょっとしたお手伝いをしたり、地域活動に参加するなど、関わりのきっかけづくり機能も備わることでより地域性や公益性が高くなってくる。

そしてさらに、人と団体や団体同士をつなげ、相互支援の機会を作っていくことで、それぞれの活動が活発になり、地域社会がより良くなっていくのではないだろうか。

そうした機能こそが、まちのコーディネート機能であり、中間

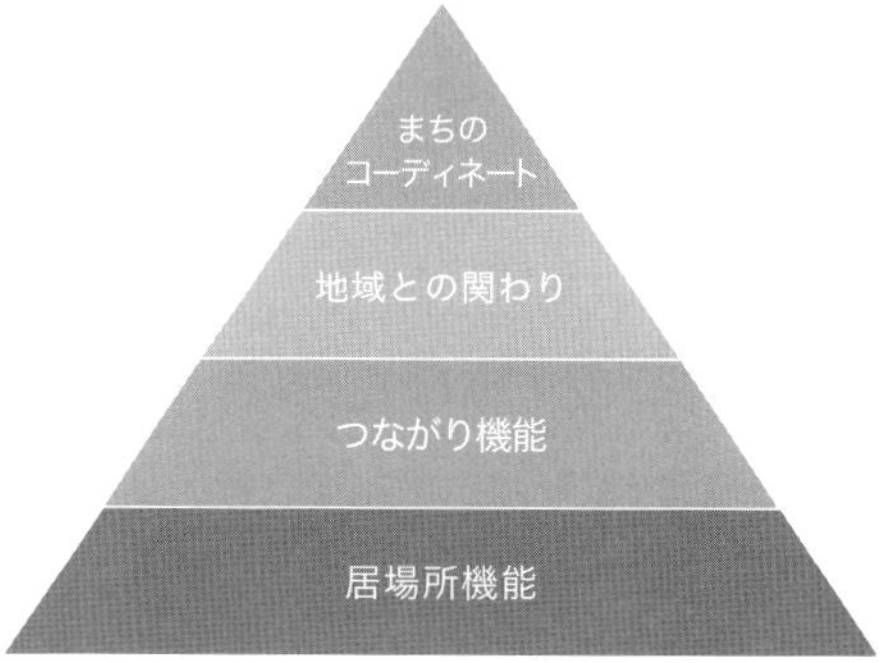

図11　コミュニティカフェが担う四つの機能

支援機能なのではないだろうか。

それこそが、コミュニティカフェのもう一つの魅力だと言える。

行政や地域の「縦割り」を取り払い、自由に意見交換し協力し合う関係性を、コミュニティカフェ運営者が、地域の方々とつくり上げていくことが、これからのさまざまな地域課題の解決に役立つことだと信じている。

解題　コミュニティカフェの文明史的意義

名和田是彦
（法政大学法学部教授）

コミュニティカフェに関心を持つ研究者は、社会学、福祉学、都市計画学、建築学などを中心にかなり多いように見受けられる。しかし、居場所や拠点づくり一般についてはともかく、コミュニティカフェそのものについての学術的な研究はまだ進んでいないようである。それは、コミュニティビジネスとして成功したコミュニティカフェの事例が少ないためであろう。自然科学とは違って、社会科学の場合は、対象が成熟しなければ学問研究も進展しない。

そうしたなかにあって、港南台タウンカフェは持続可能な形で成立しているという意味で稀有な事例であり、これをじっくり観察することによってコミュニティカフェ研究への扉が開かれると期待できる。幸いにして筆者は、港南台タウンカフェの初動期から今日にいたるまでその展開を身近に体験する機会に恵まれた。

コミュニティカフェの持つ意味は多様であり、観察者によってその意味づけはさまざまあってよい。ここでは、筆者なりの意味づけを試みて、解題にかえたい。それは、コミュニティカフェが公共空間の再建として文明史的意義を有する、という意味づけである。

I　コミュニティカフェとは

そもそもコミュニティカフェとはなんであり、普通の喫茶店やレストランとはどう違うのか、あるいは普通のコミュニティセンターや公民館などの公共施設とどこが違うのか。実態としてさまざまなものがあり、クリアカットな定義を与えることは難しい。もっとも社会科学の概念はすべてそうなので、典型的なパターンを抽出して定義とするほかはない。

横浜には、「横浜コミュニティカフェネットワーク（ＹＣＣＮ）」というコミュニティカフェのネットワーク組織がある。筆者も参画させていただいている。港南台タウンカフェももちろんそのメンバーである。それどころか、本書の著者の斉藤保氏はＹＣＣＮの代表である。

そこで議論した結果、コミュニティカフェの一応の定義として、次の四つの要素を持つものと考えられた。

まず第一の要素は「公開性」である。ＹＣＣＮでの議論でほぼ誰もが、コミュニティカフェの特徴と魅力として、特定の目的を持っていなくても気楽に寄れる場であり、誰でも利用できる、という点を挙げていた。

第二は「社会性」である。地域と社会につながる機会が用意されているということを意味する。おそらく、この第一と第二の特徴の結合こそが、コミュニティカフェの魅力であり重要性であろう。特定の公益的活動をすでにしている人や使命感・問題意識を持っている人たちだけではなく、どんな人でも寄ってこれる雰囲気でありながら、その人たちを地域課題の認識や解決に自然にいざなっていけるつくりになっているのである。

次いで第三に、この二つの特徴を実現する一つの重要な副次的特徴として、「常設性」が求められる。特定の場所に立地していて、いつも（実際には週のうちのかなりの日にかなりの時間帯にわたって、ということだが）開いていて、人が常駐しているということである。これが、たとえば地域福祉的な取り組みの一環として定番になっているサロン活動などと異なる点であり、むしろ人々はサロンを実践し発展させながら、常設であったらどんなにいいかと考えるようになるのである。気軽に寄れて、そこに行けば誰かがいていろいろな話ができ、つながりづくりができる、というためには、やはり常設性が不可欠である。

今、地域での活動は担い手の不足と高齢化が嘆かれていることが多い。一緒に考え活動していける仲間を増やすきっかけになる最適な場として、上記三つの特徴を備えたコミュニティカフェは適している。

しかし、こうした交流拠点は、現在のところ既存の仕組みとして（たとえば行政の提供するサービスとして）確立していない。そこで、上記三つの特徴を持った場が有効であると気づいた開拓的な人たちが実験的に取り組んでいるわけである。既存の仕組みの側では、そうした開拓的な試みに対する補助金などが用意されているにとどまる。そうした段階においては、コミュニティカフェは民設民営となるほかない。

そこで、コミュニティカフェの定義の一環をなす第四の要素として、「事業性」が挙げられることになる。すなわち、民設民営の拠点を成立させるための収益事業を有機的に組み込んでいなくてはならない。コミュニティカフェはいわゆるコミュニティビジネスとして取り組まれる必要があるのである。そこには、取り組む人たちにとってややハードルの高い経済的リスクもある。

以上を要するに、コミュニティカフェとは、「公開性」「社会性」「常設性」および「事業性」を有する交流拠点である、と定義される。

2 コミュニティカフェはなぜ必要なのか

■既存の集会施設に欠けているもの

しかし、誰にも開かれていて常設である交流拠点と言えば、実は我々の周囲に山ほどあるように見える。全国の多くの自治体では、小学校区に一つとか中学校区に一つとかいった密度で公民館やコミュニティセンターなど（名称や法令上の位置づけは自治体によりさまざまである）が整備されているのである。最近は、市民活動支援センターなどといって、社会公益活動をしたい人のためにミーティングスペースや相談コーナーが用意されている公共施設もある。

このうえまだ交流拠点が必要だと考え、しかも経済的リスクまでおかして、なぜコミュニティカフェをつくろうというのか？

その答えを求めて、もう一度定義を振り返ろう。

既存の集会施設の場合、行政からお金が来るのだから「事業性」は必要ない。本来のミッションに専念できる。誰もが入場できるのだから「公開性」もあり、常駐するスタッフの人件費が指定管理料などによって保障されているから「常設性」もある。

しかし、実質的に本当に「公開」と言えるだろうか。実際に、こうした施設に、どんな人でも普段着で気軽に立ち寄り、そこから人の輪が広がったりしているだろうか。

どうもそうではあるまい。こうした既存の施設は、目的を同じくした仲間たちがその特定の目的のもとに集まるために、壁で仕切られた特定の空間を各団体に提供しているのである。たしかに、公共空間としてロビーなどがある場合もあるが、とくに古い施設においては、こうした公共空間は通常きわめて貧弱である。施設のスタッフも、来場した人や団体を結び付けて人のつながりをつくり出すような動き（コーディネーター的な動き）をしてはいない。

これでは人の交流が生まれて仲間が広がるようにはならない。したがって、コミュニティカフェが重視している「社会性」、つまり気軽に来場した人がつながりの輪のなかに入っていく経路としての機能を果たしえないのである。

わざわざ経済的リスクをおかしてまでコミュニティカフェをつくろうという人は、こうした既存の集会施設の限界に気づき、それを残念に思っている、さらには危機感を持っている人たちである。

■公共空間再建の文明史的意義

仲間だけで構成されるつながりが「共同体」であるのに対して、「公共」とは、不特定多数の人々で構成される空間のことである。

かつてドイツの社会学者フェルディナント・テンニースは、生まれながらのつながりを絆とする強い人間的結合を「ゲマインシャフト（共同体）」と呼び、合理的な打算などでつながる人間的結合を「ゲゼルシャフト（利益社会）」と呼んだ。この分類について彼は次のようにいっている。

「我々の理解によれば、信頼が置けて、気楽で、排他的な共同生活はゲマインシャフトの生活であり、ゲゼルシャフトは、公共（Öffentlichkeit）であり、世間である。ゲマインシャフトでは、人はその仲間とともに幸も不幸もすべて分かち合って生まれたときからそれに結びついている。ゲゼルシャフトに入っていくのはあたかも他人の中に入っていくようなものである」[*1]。

「ゲゼルシャフトは公共である」と言っている。よく「利益社会」などと訳される「ゲゼルシャフト」であるが、こうしてみると、むしろ不特定多数の他人同士の関係を指すと考えても間違いではなかろう。そして、そういう意味において「ゲゼルシャフト」は公共空間なのである。

「共同体」つまり仲間は、きわめて重要である。それなくしては地域のつながりづくりも何もできない。しかし、仲間を見つけるまたは拡大するためには、まだ仲間でない人と出会い、交流し、話をし、共通点を見いだし、仲間づくりをしていく必要がある。

公共空間においては人々は他人同士なのだから、最低限度のルールとエチケットだけを共有し、人として尊重し合い、交流する。人は、仲間かどうかにかかわらず、単に「人である」というだけの理由で尊重される。こうした出会いを通じて仲間が見つかり、広がっていくはずである。

こうした「公共」の空間を我々はこの数十年の間に失ってきた。公共空間が失われれば、人を単に人であるというだけの理由で（つまりは人権の享有主体として）尊重する気風が失われ、人を仲間かどうかで選別してしまいがちになり、対外的には差別的となり、対内的には仲間内への自閉の中で組織が縮小する危険がある。

コミュニティカフェに熱心に取り組んでいる人たちは、こうした状況が地域のつながり（仲間づくり）の障害となっており、地域の希薄化につながっていることに、本能的に気づいている。

「顔の見える関係づくり」のためには、「まだ顔の見えていない人たち」と出会い、交流し、話をし、仲間になってもらわなければならない。しかし今、そういう人と出会う場がないのである。おそらくこれは日本社会が当面している文明史的危機である。コミュニティカフェは危機への本能的気づきに基づいて、自ら行動した結果だと言える。

3　民設民営方式の意味

もしコミュニティカフェがそれほどに重要であり必要とされるなら、それはこの民主的社会においては、多数者の意向として、なんらかの形で政治のルートを通じ行政施策として確立していくものではなかろうか。

他方で、行政が手がけると自由度が下がりつまらないものになるから、あえて「市民社会」の側の取り組みとして民設民営を貫くのがよい、という考えもあろう。

実際はどうであろうか？

ＹＣＮでは、東京都港区の「芝の家」と「ご近所ラボ新橋」を勉強させてもらうために訪問している。この施設は、飲み物の提供はあるにしても、必ずしもカフェとはいえないこと、そして行政が資金を提供して運営している公設民営型の施設であることからして、コミュニティカフェとはいえないが、実際に訪問してみるとコミュニティカフェと通底するミッションと雰囲気を持っている。だからこそ本書にも事例として収録されているのである。

ここを訪問したＹＣＣＮの会員のほとんどは、そのあり方に共鳴し、しかも、自分らが取り組んでいるコミュニティカフェは行政施策として取り上げられてしかるべきで、今はまだそうした仕組みがないから自分らが頑張って民設民営でやっているのだ、という感想を漏らしたのである。

これには筆者は少々驚いた。行政がやるとろくなことにならないから民設民営でいくのがいいのだと思っている会員が、半分以上はいると予想していたからだ。

ことは公共空間の再建という文明史的一大事である。我々の社会が民主的社会であるならば、そうした課題に対して社会全体の意志として資源を投入して解決するべきだ。しかし、まだ社会の多数（よく「民主的多数派」などという）はそうした問題に気づいていない。そこで、問題に気づいた少数者が、実際にリスクをおかしてでもやってみせる。それを見て、その試みの成功または失敗にかかわらず、民主的多数派は学び、そうした試みが社会にとって有用または必要であることに気づき、政治の回路を通じて行政施策となる。これが民主的社会のダイナミズムというものであり、少数意見の尊重という現代民主主義の原則の重要な側面の一つである。その結果として、その行政施策が、施設の行政直営として結果するのか、公設民営として結果するのか、補助金をともなった民設民営として結果するのか、それはそれぞれの施策の性格によってさまざまであってよい。

このように考えるならば、民設民営方式は、試行錯誤（トライアル・アンド・エラー）を通じた社会の発展の初期段階における一時的ソリューションであるといえるのだろう。
コミュニティカフェは、誰もが人として尊重される公共空間を再建するための市民社会の側の開拓的な試みであるというのが筆者の考えである。

注
＊1　Ferdinand Tönnies, Gemeinschaft und Gesellschaft, 5. Aufl., 1922, S. 3f. 翻訳は岩波文庫版がある。

おわりに

コミュニティカフェという言葉をまだ知らない時代に、タウンカフェの構想を練り上げた頃からおよそ20年が経つ。

起業して間もない30代半ばには、エプロンを着けて日々現場で楽しく汗を流していたことが懐かしく思い出される。40代の10年間はタウンカフェ業務の多くは現場スタッフに任せて、同じような志を持つコミュニティカフェやコミュニティビジネス運営者の方々のサポートを中心に行うようになった。

特に2011年の東日本大震災以降は、被災地も含めて全国のコミュニティカフェの起業支援やコンサルティングを中心にその活動の意義や役割を広める活動を行ってきた。

こうした地域の「場」づくりの成果は各地で着実に根付き、じわじわと広まってきていると感じる。さらには、常設運営とはいかなくても、全国各地の地域活動やまちづくり、地域福祉の現場では、公民館や町内会館、公共施設、空き家などを活用した、定期開催のサロンや居場所づくり活動が盛んに行われるようになっていることを見れば、こうした「場」の持つ役割や意義は浸透してきているのだろう。

期せずしてこの4月、新型コロナウイルス感染症を抑えるための緊急事態宣言をうけて、タウンカフェでもさまざまな交流イベントやカフェサロンを休業して、小箱ショップ販売のみの営業としている。感染拡大のための予防策として、店内での掲示の中に「会話を控えて」という一言をいれざるを得なかった。会話や交流機能を失ったコミュニティカフェの喪失感は、おそらく思った以上に見えないダメージがあり、何のために営業しているのか自問自答する日々が続いている。

しかし、終息した後にはコミュニティカフェの意義や役割を再認識できて、

「場の持つチカラは大きいよね」

そう本心で語れる日がきっとくると信じている。

この「場が持つチカラ」というフレーズは、これまでも仲間同士でよく話していたが、実際には「場のチカラ」というのは、そこに関わる人たちの想いや行動が起こす結果であり、「場」はそれをサポートしている空間なのだと思う。

どこのコミュニティカフェを訪れても、どこか穏やかで優しい雰囲気が流れ、良い空気感が醸しだされているのは、そうした想いがスタッフやお客様、関係者ら互いの立場を超え、人として尊重しあえる関係を育んでいるからだろう。

そして、それがコミュニティカフェの中だけに留まらず、じわじわと地域へ影響を及ぼしていき、まちがつながるきっかけになっていく。

このステキな「場」づくりの世界を、本書を通じてより多くの人に感じてもらい、そして仲間の

輪を広げることができれば何よりの幸せだ。

そして、こうした価値やその重要性は、これからの地域社会やまちづくりに夢や希望を与えてくれると信じている。

最後になるが、初めての執筆にあたり、何度も粘り強くお付き合いいただいた、学芸出版社前田裕資社長をはじめ、取材協力いただいた、菅野裕子さん、中山貴久子さん、岡野富茂子さん、取材先のコミュニティカフェ運営者のみなさまに心より敬意を表したい。

また、何よりも株式会社イータウンスタッフには企画段階から、データ収集や整理、推敲、校正まで根気強く尽力いただいたことに感謝する。

２０２０年５月10日　齋藤 保

齋藤 保（さいとう たもつ）

株式会社イータウン代表取締役、横浜コミュニティカフェネットワーク代表。

1968年富山県福野町（現南砺市）生まれ。国立富山工業高等専門学校卒業後、約2年のニュージーランド生活をへて富山YMCAで青少年教育や地域活動ディレクターなどを務めた後に、2002年に横浜市で起業。

地域情報サイトe-townの企画運営やデザイン事業を行い、2005年からは「cafeからはじまるおもしろまちづくり」をキャッチフレーズに「港南台タウンカフェ」を運営。地域の多様な団体・市民参加型のまちづくりを目指し奔走中。2007年からはコミュニティカフェ・ソーシャルビジネス支援事業プロデューサーとして横浜のみならず全国各地の「コミュニティカフェ」の運営支援や、地域プロデューサーとなる「cafeマイスター」の人材発掘育成事業を展開。

経済産業省ソーシャルビジネス55選（2008年）、横浜・人・まち・デザイン賞（2009年/2013年）、まちづくり功労者国土交通大臣表彰受賞（2010年）。

総務省地域力創造アドバイザー、認定コミュニティビジネスアドバイザー／コーディネーター、くらしまちづくりネットワーク横浜共同代表、エリアマネジメント組織鹿島田デイズ幹事など。

コミュニティカフェ
まちの居場所のつくり方、続け方

2020年7月1日　第1版第1刷発行

著　者………齋藤 保
発行者………前田裕資
発行所………株式会社 学芸出版社
京都市下京区木津屋橋通西洞院東入
電話075－343－0811　〒600－8216
http://www.gakugei-pub.jp/
E-mail:info@gakugei-pub.jp
編集担当………前田裕資
装　丁………久保田修康
編集協力………村角洋一デザイン事務所
印刷・製本………シナノパブリッシングプレス

ISBN 978－4－7615－2740－2　Printed in Japan

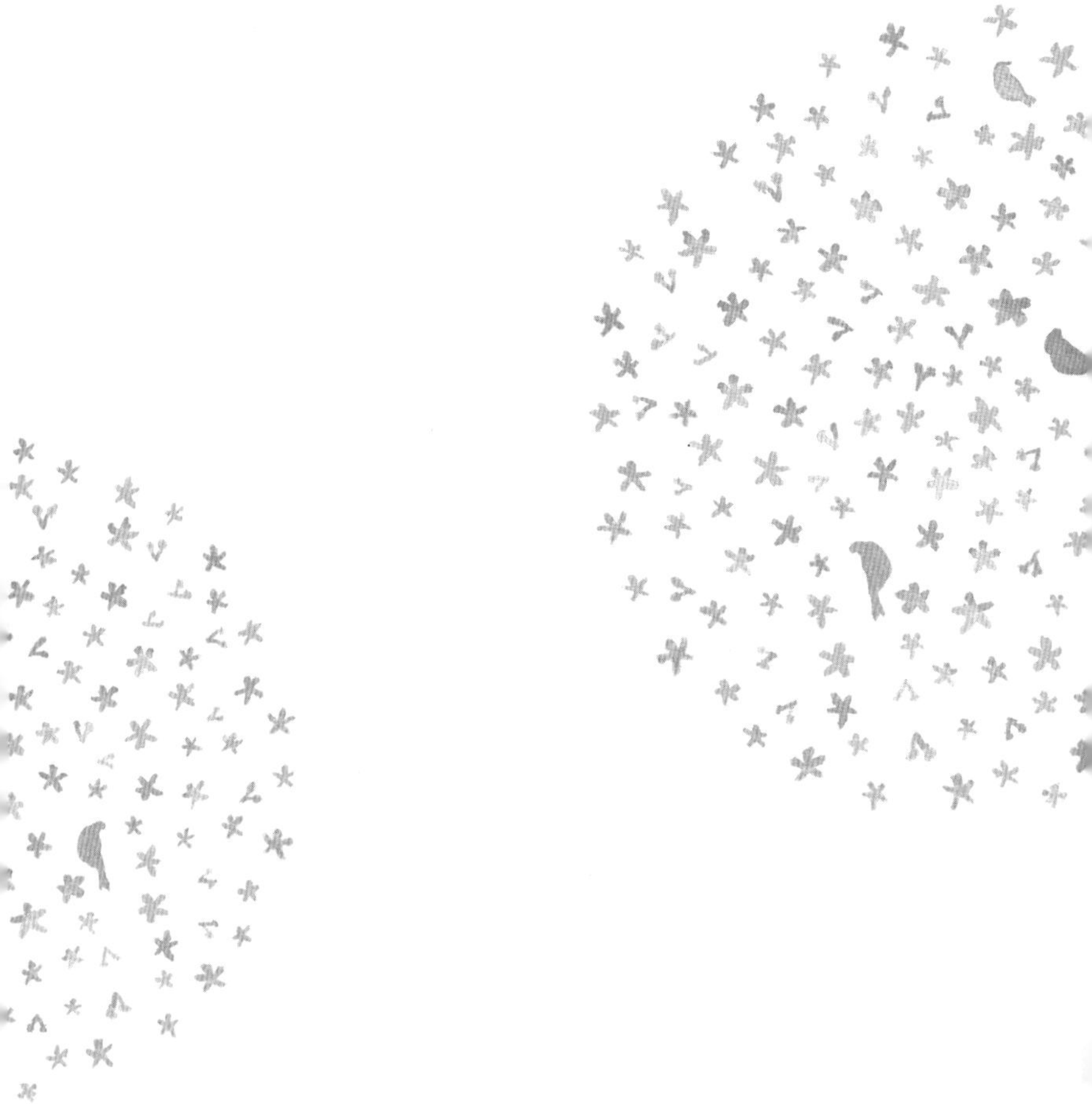